LE MANAGEMENT
TOXIQUE

Groupe Eyrolles
61, bd Saint-Germain
75240 Paris Cedex 05

www.editions-eyrolles.com

© Groupe Eyrolles, 2013
ISBN : 978-2-212-55673-5

Patrick
Collignon

Chantal
Vander Vorst

LE MANAGEMENT
TOXIQUE

Harcèlement, intolérances,
missions impossibles...
Comment s'en sortir ?

La collection *Neuroscience et vie au travail* est dirigée par Patrick Collignon

EYROLLES

REMERCIEMENTS

Les auteurs tiennent à remercier les personnes qui les ont aidés et conseillés durant la rédaction de cet ouvrage, comme Céline Butin, relectrice avisée de la matière relative à l'ANC, et Vincent De Waele, grand connaisseur du monde de l'entreprise, qui nous a permis de rendre ce livre plus vivant à travers des exemples qui ne le sont pas moins.

AVIS AU LECTEUR

« Ceci est un ouvrage à visée pédagogique et opérationnelle. Il est écrit par des praticiens de l'approche neurocognitive et comportementale (ANC), mais sa finalité est de rendre accessible au plus grand nombre la pratique de l'ANC. Il n'a pas de prétention scientifique. Pour ces raisons, les auteurs présentent certains faits en ayant conscience que leurs démonstrations sont rendues empiriques à des fins de vulgarisation. Cette liberté prise n'engage que les auteurs du présent livre. Pour les bases scientifiques de l'ANC et des techniques présentées ici, se rapporter aux sites et publications de l'Institut de médecine environnementale (IME, *www.ime.fr*). »

IME

La collection *Neurosciences et vie au travail* présente une série d'ouvrages opérationnels dont l'objectif est de fournir un modèle et des outils inédits de gestion du comportement humain pour faire évoluer de manière concrète les comportements individuels, relationnels et collectifs en entreprise. Chaque ouvrage est constitué de cas, autodiagnostics, pistes d'action et exercices pratiques.

PRÉFACE

S i j'avais eu à ma disposition cet ouvrage il y a trente-trois ans quand j'ai commencé à travailler, j'aurais gagné du temps et évité les états par lesquels je suis passé. Tantôt furieux et impuissant, tantôt sidéré et toujours impuissant, tantôt évitant et désespéré par ma couardise !

Il y a trente-trois ans, je travaillais pour un dirigeant qui avait des comportements de disqualification et de rejet que je croyais à l'époque dirigés contre moi alors qu'ils étaient, en réalité, liés à son style de management. Je travaillais comme un fou pour être à la hauteur des enjeux techniques de mon rôle, et lui exerçait sur moi, sur nous, un management de type « despote », si je me réfère à la description que vous lirez dans les pages qui suivent. Tout y était : son attitude, la mienne, celle des autres collaborateurs. Si j'avais lu ce livre, j'aurais adapté mon comportement. Laissez-moi vous conter de quoi il retournait.

Tous les matins, je garais ma voiture sur le petit parking devant le cabinet où j'avais été embauché comme expert-comptable stagiaire. Je faisais en sorte d'être à l'heure et de m'habiller en conformité avec les usages, je coupais même mon abondante chevelure pour éviter de ressembler à Angela Davis. Nous étions dirigés par plusieurs patrons, mais l'un d'entre eux — le fondateur — était posté tous les matins devant la porte et montrait, quand je passais, une attitude de rejet et d'agacement certains. Je modifiais quelque chose chaque jour pour obtenir un regard moins lourd, moins disqualifiant. Rien n'y faisait. Je mettais alors tous les jours de longues minutes à reconstruire une image un peu réconfortante à mes yeux car nul n'était témoin de ces pitoyables postures non verbales qui en disaient long sur ma médiocrité et mes torts. Je culpabilisais tant que j'en développais un stress significatif. Je finis par oser aborder cet homme après avoir calmé mes velléités de lui tordre le cou. Un matin où il semblait souriant et même satisfait d'une de mes missions, je lui demandai : « Monsieur, pardonnez ma curiosité, mais pourriez-vous me dire pourquoi tous les matins vous scrutez ma personne avec ces yeux de gardien de prison devant un multirécidiviste ? ». Et là, ô surprise, il me répondit : « Je fais cela avec tout le monde. Ainsi, en regardant avec un œil critique les arrivants, ils se sentent coupables et se disent que je sais ce qu'ils ont fait de mal, ce qui est faux, puisque je ne le sais pas. Mais voyez-vous, Monsieur Hurstel, ils me déclarent leurs turpitudes sans que j'aie à enquêter ! Brillant ne trouvez-vous pas ? »

Non, je ne trouvais pas, car non seulement je perdais du temps à remonter à la surface tant je perdais pied à chaque fois, mais les autres employés devaient faire de même… ce qui, à mon avis, n'était pas si brillant en termes de performances collectives. Toujours est-il qu'à compter de ce jour, j'ai cessé de prendre ce tic pour mon compte puisque je n'y étais donc pour rien, et je notais même une amélioration tant il cessa cette posture « brillante » à mon endroit, comme si du fait de notre connivence, j'étais exonéré de la punition.

Trente années plus tard, on dispose désormais d'un arsenal plus complet d'études et d'analyses qui signalent les dangers du stress et des risques psychosociaux. En avril 2011, un collège d'experts[1] a même remis au ministre du Travail un rapport qui retient six axes qui les fondent :

- l'intensité du travail et le temps de travail ;
- les exigences émotionnelles ;
- l'insuffisance d'autonomie ;
- la mauvaise qualité des rapports sociaux ;
- les conflits de valeurs ;
- l'insécurité de la situation de travail (incluant le risque de changement non maîtrisé de la tâche et des conditions de travail).

Ces axes, vous les retrouverez d'une manière ou d'une autre dans les pages qui suivent.

---

1. Gollac M. et Bodier M. (dir.) (2011). *Mesurer les facteurs psychosociaux de risque au travail pour les maîtriser*, rapport du collège d'expertise sur le suivi des risques psychosociaux au travail, faisant suite à la demande du ministre du Travail, de l'Emploi et de la Santé – *http://www.travailler-mieux.gouv.fr/Mesurer-les-facteurs-psychosociaux.html* – *http://www.travailler-mieux.gouv.fr/IMG/pdf/rapport_SRPST_definitif_rectifie_11_05_10.pdf*.

Quand on doit penser à trop de choses à la fois, c'est peut-être que son chef est un « mission impossible », quand on doit cacher ses émotions et faire semblant d'être de bonne humeur, peut-être a-t-on affaire à un chef qui hyper-investit l'émotionnel ? Quand on reçoit des ordres contradictoires, est-on devant un despote obsessif ou un manager « 4×4 » qui manque d'éclairage ? À moins qu'il s'agisse d'une personne qui dirige par l'antipathie.

Lisez avec intérêt les systèmes de survie ou d'adaptation, vous en apprendrez beaucoup. Régalez-vous en découvrant les différents modèles de 4×4 disponibles dans le hall d'exposition, cela devient jubilatoire. Décryptez le stress comme un sacré indicateur de dysfonctionnements. Merci aux auteurs de tendre la main au lecteur qui, si souvent, absorbe les pages passivement. Ici point de pause, on participe et on interagit *via* son petit carnet de remarques et de réponses aux questions fort pertinentes.

Le management toxique existe et la bonne nouvelle, c'est qu'apparemment on peut se désintoxiquer ; prenons donc notre tisane et positivons un peu car il est temps de retrouver les chemins du réenchantement de l'entreprise. La compétitivité des entreprises se joue aussi dans la prise en main de son destin au sein d'organisations qui n'ont pas encore toutes perçu le coût du stress et de la toxicité. Je suis de ceux qui pensent que les entreprises peuvent réparer. Ce n'est qu'une question d'atmosphère : le « brillant » chef d'entreprise des années quatre-vingt que je décrivais dans sa fonction « pointeuse de luxe » qui démotive dès l'embauche a, quant à lui, pris sa retraite. Mais ses fils (pas si) spirituels peuplent encore les organisations malgré tant d'articles sur le leadership, tant de séminaires, tant de prises de parole de salariés en souffrance. Je me souviens ainsi d'un spécimen dans les années 2000 qui ne supportait pas les lois antitabac et disait ceci : « Quand je rentre dans une pièce, elle redevient fumeur »...

Mais finalement, il y a une ultime raison de se battre contre les leaders toxiques : la santé du dirigeant. On s'interroge maintenant officiellement sur la santé du dirigeant, à l'instar d'Olivier Torrès[1] qui écrit à propos de « l'inaudible souffrance patronale ». Il faut espérer qu'en réduisant celle des salariés on aidera leurs leaders à se porter mieux.

---

1. Torrès O. (dir.) (2012). *La Santé du dirigeant : de la souffrance patronale à l'entrepreneuriat salutaire*, Bruxelles, De Boeck. Olivier Torrès est professeur à l'université de Montpellier Sud de France et à l'EM Lyon Business School, fondateur d'Amarok, premier observatoire de la santé des dirigeants de PME, commerçants et artisans.

Pour terminer, il me vient en mémoire cette maxime d'Abraham Maslow[1] : « Entre les mains d'un être sain et mature, le pouvoir est un don... Mais entre les mains d'un être immature, malveillant ou émotionnellement malade, le pouvoir représente un vrai danger. » Et cet ouvrage m'autorise à la déformer ainsi : immature, malveillant ou toxique !

Pierre Hurstel
Fondateur de « Matière à réflexion, pour le réenchantement des entreprises ».

---

1. Maslow A. H. et Stephens D. C. (2000). *The Maslow Business Reader*, New York, John Wiley & Sons.

INTRODUCTION

arcèlement. Humiliations. Vexations. Quand on parle de « management toxique », ce sont les premières images qui viennent à l'esprit. Rien d'étonnant, et c'est plutôt tant mieux, puisque ces mots résument la prise de conscience du problème du harcèlement par le public. Une personne active sur dix environ[1] en est la cible. Toutefois, limiter le management toxique au harcèlement serait réducteur. L'absence dans votre environnement de travail de despotes et autres pervers narcissiques qui déstabilisent leurs collaborateurs et pourrissent l'ambiance ne vous prémunit pas de toute souffrance morale ou psychologique. Qui ne s'est jamais senti blessé par une remarque de son patron, que ce dernier jugeait pourtant bénéfique ? Qui ne s'est jamais senti coincé par une tâche dont la responsabilité lui incombe... mais sur laquelle il n'a aucun pouvoir ? Qui n'a jamais été confronté à un manager insaisissable à qui on ne sait jamais très bien quoi dire sans qu'il s'énerve, se ferme ou interrompe la conversation ? Bien que moins agressives ou dénigrantes que dans le cadre du harcèlement, bien que plus compréhensibles et humaines (ou plus structurelles et désincarnées), ces situations génèrent aussi, dans le quotidien des personnes actives, l'apparition de stress, de démotivation, de dévalorisation, de découragement... Difficile de conserver intactes son envie et sa faculté de réaliser un travail de qualité alors que rien ni personne ne vient perturber la succession des missions impossibles, des relations tendues ou improductives, des critiques, du manque de reconnaissance, des process inefficaces, etc. Dans cet ouvrage, nous élargirons le spectre du

---

1. L'enquête européenne 2005 sur les conditions de travail montre que les salariés français interrogés sont 7,7 % à se ressentir la cible de harcèlement et 6,9 % la cible de menaces ou violences physiques (*www.eurofound.europa.eu/publications/htmlfiles/ef0698_fr.htm*)...

« management toxique » à d'autres interactions ou process nocifs fréquents mais peut-être moins spectaculaires, donc davantage banalisés.

Nous définirons donc le management toxique comme suit : « Un management devient toxique lorsqu'il place une personne dans l'incapacité de réaliser ses tâches et ses missions ou qu'il la soumet à une pression émotionnelle qui ne leur est pas directement liée. Toute situation toxique est remarquable dans le fait que l'on se sent être "moins" après l'avoir vécue. »

Le management toxique est-il universel ? Certes non. En amont, sa présence dépend en partie de la connaissance qu'ont les managers du fonctionnement humain. S'ils adaptent leurs process à ce dernier et sont capables de prendre du recul sur leur propre manière d'agir et de réagir, afin de ne pas blesser ou vexer les personnes qui les entourent, ils limiteront le risque de toxicité. En aval, la toxicité du management dépend de la résistance de chaque travailleur. Certains ne sont pas particulièrement stressés par des éléments qui perturbent fortement leurs voisins... Le management toxique vous concerne-t-il ? C'est probable si, sur le chemin du travail, vous sentez l'anxiété, l'énervement ou l'abattement monter. Ou si vous ressassez des événements passés ou appréhendez de manière cyclique certains moments précis à venir. Ou si vous rechignez à retrouver des managers, des collègues, des clients qui vous dévalorisent, vous complexent ou vous donnent le sentiment de vous en vouloir. Ou encore lorsque vous en avez vraiment assez de vous contorsionner toujours davantage pour correspondre aux critères de productivité ou de flexibilité édictés par une hiérarchie qui n'est jamais à votre écoute.

Ces vécus ne sont ni inéluctable ni irréversibles. Il est possible d'agir, de réduire la toxicité en développant une stratégie qui vous permette de mieux comprendre ce qui coince, d'y réagir plus adéquatement. Dans cette optique, nous nous appuierons sur des découvertes récentes en psychologie et en neurosciences pour mieux comprendre pourquoi et comment l'être humain en arrive à mettre en place une manière toxique d'interagir avec ses contemporains ou de gérer leur travail. Ces découvertes sont regroupées sous l'appellation « approche neurocognitive et comportementale » (ANC), qui propose une compréhension plus fine des mécanismes cérébraux « universels » qui sous-tendent le comportement de chaque individu. Cette approche novatrice vient éclairer le mode de fonctionnement de votre manager, mais également votre propre mode de réaction face à ses comportements. En faisant la part entre ce qui est inhérent à la condition humaine et ce qui dépend directement de la volonté de votre manager, nous vous proposerons des leviers d'action et de changement acceptables par lui comme par l'entreprise. En mettant en lumière les causes de vos propres réactions, nous vous indiquerons comment vous en détacher et réduire les interférences émotionnelles. Ainsi, vous serez en mesure de réagir de la manière la plus adéquate, en vous respectant tout en respectant l'autre, ce qui constitue, sinon un gage de succès, tout au moins un bon réflexe pour y parvenir.

Autant le dire tout de suite : cela ne se fera pas tout seul. Il faudra peut-être vous faire violence pour accepter de changer de position. Il faudra vraisemblablement faire preuve de courage, de ténacité, de stratégie et de diplomatie. Mais mieux vivre les heures que vous consacrez à votre travail chaque semaine peut vous apporter bien plus qu'une simple satisfaction temporaire. Vous arrêterez de perdre de l'énergie pour assurer votre présence sur votre lieu de travail et interagir avec votre environnement. Vous récupérez de l'énergie pour d'autres activités. Activités professionnelles, comme consacrer du temps à vos tâches réelles et y prendre davantage de plaisir, avancer dans vos projets ou dans votre carrière, élargir et consolider votre réseau ; mais aussi activités privées, pour mieux équilibrer vie professionnelle et vie personnelle et ramener chez vous autre chose que des idées noires ou des anecdotes qui ne le sont pas moins. Nous vous encourageons à prendre le risque de changer ce qui ne marche pas. Vous avez le pouvoir de rendre vos journées plus détendues et productives. Nous vous proposerons également des stratégies de dialogue avec votre management, car nul mieux que vous ne ressent ce que vous vivez intérieurement, ne sait ce que vous pensez et ne connaît les solutions qui correspondent à vos soucis.

Les résultats que vous obtiendrez ne seront pas nécessairement unilatéraux. Les personnes, managers compris, qui ont mis au point des process ou stratégies inefficaces n'ont pas toujours conscience de la portée de leurs paroles ou de leurs gestes, ni de l'impact de leurs décisions et comportements, ni, *a fortiori*, des mécanismes de leur cerveau qui gouvernent le tout. S'ils en étaient conscients ou s'ils étaient confrontés à des comportements similaires, peut-être seraient-ils eux-mêmes demandeurs de changement. C'est donc une opportunité que vous leur offrirez... Bien entendu, nous vous fournirons les grilles de lecture vous permettant de mieux comprendre ce qui se passe et de déployer des actions correctives, mais elles ne serviraient à rien sans votre savoir-faire naturel. Or vous êtes aussi qualifié que n'importe qui pour dialoguer, vous faire comprendre ou faire valoir votre point de vue sans guerre de tranchées ni effusion de sang. D'autant que, nous aurons à cœur, dans cet ouvrage, de mettre en place des *deals win-win*, où toutes les parties sortent gagnantes : vous gagnez en sérénité, en bien-être au travail et votre organisation gagne en performance et en argent. Comme tout être humain, vous formez la richesse de l'entreprise. Votre stress, votre démotivation, votre découragement, ont pour elle un coût bien réel. Le coût du stress, en France, a été estimé à 3 milliards d'euros en 2007[1]. En occultant le problème du stress, une entreprise de cinq cents personnes perd en moyenne 4 000 euros par an et par salarié[2]. À l'inverse, prévenir le stress est très rentable : le ROI des actions de prévention en matière de santé et notamment de stress au travail menées par une entreprise est de 220 % par an et par salarié[3].

Qui cracherait sur de telles économies si cela ne lui coûtait pratiquement rien et pouvait lui rapporter davantage ? N'attendez pas que l'entreprise se rende compte que vous êtes son bien le plus précieux et que ce management toxique lui coûte les yeux de la tête. Agissez.

Voici pour le topo, que l'on peut résumer en une phrase : le management toxique, quel qu'il soit, n'est pas une fatalité et peut être réduit, voire éliminé, par toute personne qui souhaite apporter les modifications adéquates à sa vie professionnelle afin de la vivre plus sereinement, sans diminuer sa performance ou son engagement. Nous vous souhaitons beaucoup de plaisir et de courage dans votre projet de vous affranchir du management toxique qui détériore votre quotidien au travail.

---

1. Une étude de l'INRS estime que le coût du stress professionnel a représenté au minimum 2 à 3 milliards d'euros en France en 2007 (dépenses de soins, absentéisme, cessations d'activité, décès prématurés). L'étude n'a pas pris en compte le coût du présentéisme ni le coût du stress pour l'individu en termes de souffrance et de perte de bien-être (il est admis qu'ils peuvent représenter jusqu'à deux fois les coûts des soins et des pertes de richesse) – (www.inrs.fr/accueil/risques/psychosociaux/stress/consequence-entreprise.html). Le BIT (Bureau international du travail) estime que les pertes de qualité, l'absentéisme et le turnover résultant du stress représentent entre 3 et 4 % du PIB des pays industrialisés (Direction générale des Finances publiques, *Guide sur la prévention des risques psychosociaux*, septembre 2011).
2. Selon une étude menée en 2009 par le docteur Claudia Put (chercheur à l'Université catholique de Leuven et psychologue à l'hôpital Universitaire de Gasthuisberg) sur le coût du stress au travail pour les entreprises flamandes. Cf. article paru le 18 février 2010 *sur www.rtlinfo.be* et *www. stress-info.org* : coût du stress.
3. Cf. Rapport de recherche « Rendement de la prévention : Calcul du ratio coût-bénéfices de l'investissement dans la sécurité et la santé en entreprise » (Association internationale de la sécurité sociale, Genève, 2011, *www.issa.int*).

Le stress au travail

Selon l'ESTIME[1] (Étude internationale sur le stress au travail-IME, réalisée par l'Institut de médecine environnementale (IME) en partenariat avec l'Institute of NeuroCognitivism (INC)), un salarié sur trois souffre de stress, d'épuisement psychologique et/ou de perturbation du sommeil à cause du travail.

Premier facteur de stress, l'hyper-investissement émotionnel au travail touche 41 % des actifs.

Deuxième facteur de stress, la démotivation liée au manque de résultat et de reconnaissance par le management affecte 25 % des actifs.

Troisième facteur de stress, l'organisation « toxique » impacte de façon majeure un actif sur quatre mais en affecte bien davantage de façon plus ou moins marquée : 85 % des salariés subissent au moins une forme d'incohérence entre leur pouvoir de décision et les responsabilités qui leur sont confiées.

Quatrième facteur de stress, le manque d'esprit d'équipe et une communication managériale inadaptée, voire toxique, concernent 22 % des actifs.

Autrement dit, l'ESTIME montre que l'organisation et le management toxiques sont des facteurs majeurs de stress au travail… Mais aussi que le manager n'est bien souvent pas le cœur du problème mais une partie de la solution, comme nous le verrons au cours de cet ouvrage.

---

1. Publiée en février 2012, cette étude a été conduite avec la société d'enquêtes TNS Sofres, du 13 au 28 octobre 2011, auprès de 7 025 répondants dans cinq pays et régions : France, Belgique francophone et néerlandophone, Suisse romande et Québec (échantillons représentatifs de l'ensemble des actifs occupés : salariés ou non (gérants, indépendants, fonctionnaires…) des secteurs public et privé). Pour plus d'information : *www.estime-stress.com.*

Selfcoaching

À partir d'ici, si vous souhaitez poursuivre la lecture et réduire la présence de management toxique dans votre vie professionnelle, nous vous proposons un accord. Ou plutôt, un partenariat. Oui, vous savez, ce concept selon lequel chacun accomplit sa part de travail pour devenir légitimement bénéficiaire de l'effort commun.

Pour que *votre démarche* soit couronnée de succès, nous mettrons à votre disposition une manière de comprendre les sources de la toxicité, de mieux repérer leurs modes d'expression, d'y réagir efficacement avec diplomatie, empathie et fermeté. Toutefois, rien de ce que nous écrirons dans ces quelques pages ne correspondra exactement à votre contexte professionnel. C'est impossible. C'est pourquoi il est nécessaire que vous vous appropriiez le contenu de ce livre et que vous l'adaptiez à votre vie à vous, par exemple en mettant des noms de personnes sur des comportements génériques que nous décrirons. Car si la mécanique est toujours la même, ses applications sont multiples... Combien de livres n'a-t-on pas écrits avec un alphabet de vingt-six lettres ?

Pour que *notre démarche* d'aborder cette problématique sous l'angle des sciences du cerveau et des comportements aboutisse, la lecture de ce livre ne suffit pas (hélas !). Si les grilles de lectures, les exercices ou les autres pistes d'action proposés ne se traduisaient pas en actes réels dans votre vie quotidienne, la probabilité de voir la toxicité environnante se réduire d'elle-même avoisinerait le zéro absolu. Ici encore, il est indispensable, pour changer les choses, que vous vous appropriiez le contenu en faisant les exercices et en adaptant les pistes d'action proposées à votre expérience personnelle. Tout changement nécessite une envie de changer et la mise en place d'actions allant dans ce sens.

Pour que *notre démarche commune* soit couronnée de succès, nous vous proposons d'aborder votre problématique comme un coach le ferait à vos côtés. En l'occurrence, ce coach aura deux visages : celui du livre, bardé de conseils, et... le vôtre, armé de votre volonté ! Car c'est bien vous qui allez exploiter votre motivation à ne plus subir de management toxique pour prendre du recul, délimiter des objectifs accessibles, mettre au point un plan d'action. Et le suivre.

Nous vous invitons, durant la lecture de ce livre, à vous munir en permanence d'un carnet et d'un crayon, de manière à répondre aux questions que nous vous poserons, à coucher sur papier des plans d'action ou à vous fixer des délais. Ceci de manière à vous plonger dans une démarche d'auto-coaching (*selfcoaching*) qui favorise l'interactivité avec le livre. C'est-à-dire qui alterne les moments de lecture, les temps de réflexion et l'action. Grâce à la lecture, vous acquerrez de l'information, une grille de lecture des comportements et une manière de gérer le problème, voire d'y remédier. Ceci vous aidera à prendre conscience des mécanismes en jeu, chez l'autre comme chez vous, et à y réagir d'une manière différente de celle que vous adoptez habituellement. Grâce à la réflexion, vous amorcerez le changement que vous souhaitez en commençant par prendre le recul nécessaire à la mise en place d'une stratégie. Grâce à l'action, vous mettrez au point des actions à réaliser de manière à concrétiser la stratégie développée. À travers ces actions, vous adopterez d'autres comportements que vos comportements habituels qui sont, d'une manière ou d'une autre, inadaptés. À leur mesure, ils participent au contexte relationnel dans lequel vous évoluez et qui se solde par la présence d'un management toxique pour vous.

Dans ce livre, nous misons sur votre capacité à faire évoluer vos comportements pour obtenir des résultats en modifiant votre positionnement individuel par rapport à votre management[1] et la qualité de vos relations avec lui. Il nous semble vain de spéculer sur un quelconque changement spontané de comportement de votre manager ou d'organisation de votre poste. Aussi ne partirons-nous pas d'une proposition du type : « Comment faire pour changer l'autre ? » Nous nous focaliserons sur le postulat suivant, qui servira de trame à cet ouvrage : « Que changer chez vous pour que l'autre change de comportement par rapport à vous ? »

À noter

Dernier détail, symbolique, mais important. N'utilisez pas n'importe quel carnet. Offrez-vous un beau carnet, pas trop grand afin de l'avoir toujours avec vous et d'avoir plaisir à l'utiliser. Consacrez-le exclusivement à votre projet. Prenez-en soin. Il vous assistera dans votre démarche qui sort de l'ordinaire. C'est un véritable cadeau que vous vous faites… pour prendre soin de vous. Alors, faites-vous *vraiment* plaisir.

---

1. Nous entendons par « management » toute la hiérarchie dont dépend une personne. C'est donc l'ensemble du management qu'elle subit.

Structure du livre

Ce livre est structuré en trois chapitres.

Le premier chapitre se consacre au diagnostic du management toxique. Il est recommandé de le lire *in extenso*. L'objectif consistera à prendre du recul par rapport à vos expériences personnelles pour mettre au jour le mécanisme toxique dont vous êtes la cible.

Nous proposerons des grilles de lecture du management toxiques fondées, d'une part, sur les comportements observables de votre hiérarchie et, d'autre part, sur votre vécu émotionnel et les pensées qui y sont associées.

Nous préciserons notre propre démarche en expliquant en quoi l'éclairage par une nouvelle approche issue des neurosciences présente un intérêt pour le management de l'humain, aussi toxique soit-il. Ce chapitre vous permettra de mieux comprendre comment le cerveau peut analyser et gérer les situations.

De l'utilisation de méthodes de management oppressantes (le fameux « management par le stress ») à une répartition des tâches incompatible avec la nature humaine, l'organisation demande à l'homme de s'adapter à son fonctionnement et à ses propres contraintes. C'est une source non négligeable de toxicité, comme nous le verrons.

Le stress représente le point commun de toutes les formes de toxicité managériale. Vous apprendrez à mieux l'appréhender.

Le deuxième chapitre se consacre à la mise au point de votre projet. Il vise à donner un cadre général à la stratégie d'action. Ici encore, il est recommandé de le lire *in extenso*. Nous y aborderons la mise au point de votre projet proprement dit, c'est-à-dire la définition d'un objectif viable et la mise en place d'un plan d'action qui vous convienne.

Pour cela, nous vous proposerons de vous détacher de l'aspect purement émotionnel du management toxique dont vous êtes la cible pour vous en limiter aux faits. Une base essentielle pour définir les objectifs auxquels vous pourriez prétendre ou, éventuellement, des points d'action personnels.

Nous ferons ensuite le tri entre les éléments sur lesquels vous avez une emprise et ceux que vous ne pouvez modifier. De cette manière, nous focaliserons vos efforts sur les moyens d'action réels dont vous disposez.

Qui dit projet dit changement, avec tous les risques que cela sous-entend, mais également la somme des améliorations potentielles. Opterez-vous pour le changement ou pour un *statu quo*, même inconfortable ? C'est une question de choix et de capacité de décision...

Le troisième chapitre se consacre à la mise au point d'un plan d'action en fonction du type de management toxique diagnostiqué. La lecture y sera moins linéaire, puisque vous pouvez vous contenter de lire le module qui vous intéresse en particulier. Les cinq formes de management toxique recensées n'étant pas exclusives, elles peuvent s'entremêler... Vous lirez alors plusieurs modules. Un petit récapitulatif des priorités vous attendra en fin d'ouvrage, le cas échéant, pour vous aider à enchaîner les actions de manière cohérente :

- le management façon « mission impossible » ;
- le management façon « antipathie » ;
- le management façon « 4×4 » ;
- le management façon « hyper » ;
- le management façon « despote ».

Au terme de cet ouvrage, vous aurez diagnostiqué le type de comportement toxique dont vous êtes la cible, en dehors de vos réactions émotionnelles à chaud. Vous aurez également découvert certains modes de fonctionnement du cerveau humain, source d'une meilleure compréhension et de nouvelles perspectives de gestion de vos relations avec votre management. Vous disposerez également de clés et de stratégies pour retrouver de la sérénité et du bien-être au travail.

Brève présentation de l'Institute of NeuroCognitivism (INC)

Le modèle ANC a été conçu et développé depuis 1987 par l'Institut de médecine environnementale (IME, Paris), dirigé par Jacques Fradin. L'IME a défini une philosophie de recherche construite sur la volonté de transférer les résultats des recherches fondamentales qu'il réalise à différents domaines d'application, dont le développement personnel, la clinique, la gestion des ressources humaines, le management, la formation et la consultance. Ce transfert fait partie des objectifs qui guident à la base la conception des recherches (plus d'informations sur *www.ime.fr*).

Partenaire de l'IME depuis sa création en 2008, l'Institute of NeuroCognitivism (INC) est une association internationale de formation à l'ANC dédiée au transfert des découvertes aux professionnels de l'humain (professionnels de l'accompagnement, des ressources humaines, du management, de la santé et de la formation).

Son action se décline à travers quatre axes d'activité : informer, sensibiliser, donner envie, faciliter le changement. À travers ses modules de formation, l'INC met à la disposition des professionnels de l'humain :

- des outils de diagnostic ;
- des outils de compréhension et de modélisation des comportements humains ;
- des outils d'intervention ;
- des espaces d'échange pluridisciplinaires.

L'objectif de l'INC consiste à vulgariser l'ANC pour la rendre accessible à un public plus large à travers une gamme de supports étendue. Sur la base des résultats des recherches menées à l'IME, l'Institute of NeuroCognivism développe :

- un réseau d'experts, coachs et thérapeutes formés à l'ANC, référencés sur le site ;
- des questionnaires en ligne ;
- des outils de développement personnel ;
- des outils de communication (livres, sites Internet)[1].

Institute of
Neuro**Cognitivism**

---

1. Pour en savoir plus : *www.neurocognitivism.com*.

CHAPITRE 1

DIAGNOSTIC DE MANAGEMENT TOXIQUE

Mission première d'un coach : vous aider à agir plus rapidement et plus efficacement que si vous étiez seul. Cela commence par vous aider à prendre du recul et à vous extraire de vos soucis directs pour élaborer une stratégie à long terme. Tant que vous ressassez votre dernière mésaventure ou que vous appréhendez vos prochains moments de malaise, vous fonctionnez à court terme. Dans ce chapitre, nous chercherons à nous détacher de ces éléments de contexte (représentés par des situations ou des expériences difficiles et que vous ne souhaitez pas revivre, qui sont attachées à des lieux, des personnes, des horaires ou autres détails opérationnels) pour prendre conscience des mécanismes qui se reproduisent (quasi) systématiquement dans chacun de ces contextes. Nous chercherons à isoler les traits communs à toutes ces situations (les actes, les attitudes ou les pensées que vous retrouvez dans chacune d'elles). Ces traits communs nous aideront à décoder le fonctionnement psychologique à l'œuvre, à envisager les mécanismes cérébraux susceptibles de l'expliquer.

Avant de nous lancer, nous allons tordre d'emblée le cou à un mythe bien connu du monde du travail : le mythe du bon stress. Il sera question de stress à plusieurs reprises au fil de cet ouvrage. Pas étonnant, puisque le stress est directement lié aux risques psychosociaux. Il est considéré comme le premier d'entre eux. Mais le stress est également un axe de travail essentiel, et c'est pourquoi nous souhaitons éclaircir d'emblée son rôle : le stress est l'indicateur de la présence d'un problème, voire d'un risque. Il n'est jamais « bon »...

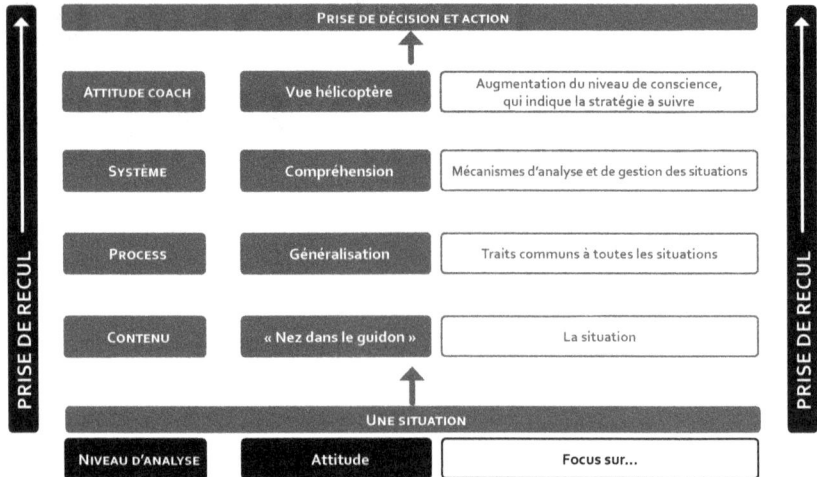

	PRISE DE DÉCISION ET ACTION	
ATTITUDE COACH	Vue hélicoptère	Augmentation du niveau de conscience, qui indique la stratégie à suivre
SYSTÈME	Compréhension	Mécanismes d'analyse et de gestion des situations
PROCESS	Généralisation	Traits communs à toutes les situations
CONTENU	« Nez dans le guidon »	La situation
	UNE SITUATION	
NIVEAU D'ANALYSE	Attitude	Focus sur...

(PRISE DE RECUL, sur les deux côtés)

Le mythe du « bon stress »

Plus que jamais, le stress fait partie du monde du travail. Les travailleurs stressent, les cadres stressent, les grands patrons stressent... « Génial », pourrait-on se dire à l'idée que toutes ces personnes ressentent du « bon stress », source d'une plus grande implication des individus et d'un renforcement de leur motivation... Sauf que le « bon stress » s'avère être un mythe moderne plus qu'une réalité. L'idée selon laquelle le stress et la performance au travail sont liés a été reprise par le management à partir de travaux d'endocrinologues. En résumé, on considérait qu'en dessous d'un certain niveau de stress, le salarié travaillait en deçà de ses capacités et qu'au-dessus de ce niveau, le stress devenait néfaste pour la santé et avait un impact négatif sur la performance. À partir de cette idée simple, le rôle du contremaître (puis du manager) consistait à mettre ses collaborateurs dans un état de stress « optimal », qui permettait d'en tirer le meilleur parti tout en préservant leur santé. Idée séduisante, qui donnait aux managers un levier simple pour développer la performance des équipes.

Or, non seulement le lien entre le stress et la performance n'a jamais été démontré, mais les critères même de performance ont changé, puisqu'on attend désormais des travailleurs de l'initiative, de la réflexion, de la créativité...

Éric Gosselin[1], professeur de psychologie du travail au département de relations industrielles à l'université du Québec, a analysé cinquante-deux études internationales, menées entre 1980 et 2006, portant sur la relation stress/performance. Il en ressort que :

- dans 75 % des cas, plus le stress augmente, plus la performance diminue ;

- dans 15 % des cas, il n'y a aucune relation entre le stress et la performance ;

- dans seulement 10 % des cas, la performance augmente avec un peu de stress et diminue s'il y en a trop peu ou trop (le mythe du bon stress !).

Sur le long terme, il apparaît clairement que le stress et en particulier les situations stressantes chroniques ont des conséquences néfastes tant sur la santé mentale et physique des personnes que sur leurs performances. Depuis peu, l'assurance-maladie, l'État, les partenaires sociaux et les entreprises elles-mêmes ont reconnu les effets délétères du management par le stress. Elles ont commencé à réfléchir sur les raisons de l'augmentation des risques psychosociaux (RPS), qui recouvrent des risques professionnels portant atteinte à l'intégrité physique et à la santé mentale et relationnelle des salariés. « Cibler le stress est une façon simple de détecter ces risques à divers stades des enchaînements des causes et des effets qui leur sont propres. C'est donc l'une des principales raisons qui nous a conduits à ne pas aborder, lors de notre travail, l'ensemble de ces risques psychosociaux mais de mettre principalement l'accent sur le stress[2]. »

---

1. Éric Gosselin est professeur de psychologie du travail au département de relations industrielles à l'université du Québec en Outaouais et chercheur à IRSP/GAP-Santé. Dans le cadre des grandes conférences publiques de l'UQO, il a abordé, le 18 février 2009, le lien entre le stress et la performance. Il s'appuie pour cela sur une analyse portant sur 52 études, menées entre 1980 et 2006, portant sur la relation entre le stress et performance. Il a étendu son travail à 56 études et publié un article scientifique en 2010 : Richard C. et Gosselin E. (2010), « Controverse relative à la relation entre le stress et la performance au travail : recherche d'explications », PTO, 16 (1), 5-25.

2. Extrait du « Rapport sur la détermination, la mesure et le suivi des risques psychosociaux au travail » remis à Xavier Bertrand, ministre du Travail, des Relations sociales et de la Solidarité, mars 2008.

En bref :

- non seulement le stress n'est pas lié à la performance, mais il est officiellement considéré comme l'indicateur d'un risque psychosocial potentiel. En d'autres termes, où il y a du stress, il y a risque psychosocial ;

- le management par le stress, en plus d'être discutable d'un point de vue humain, est inefficace en termes de performances.

Récoltez de l'information

▇ Mise en bouche : un peu de contenu à analyser

Pour affiner votre capacité à retrouver et à analyser les traits communs à toutes les situations présents dans les relations toxiques de travail, partez des trois situations suivantes. Répondez aux questions en vous mettant au mieux dans la peau des protagonistes. Prenez quelques minutes pour le faire en utilisant votre carnet et comparez vos propositions avec celles qui figurent dans le paragraphe « Analyse en bref ». Si ces situations ressemblent à des situations que vous avez vécues, placez le visage de votre manager sur celui que nous décrivons et imaginez-vous à la place de son interlocuteur. Voyez ce que vous partagez de ses pensées et émotions. Ce faisant, vous vous détacherez un peu de votre « contenu » et repérerez déjà quelques process.

Situation 1 :
Quand une consigne claire ne l'est pas tant que ça

« Je vous avais demandé d'assister à cette réunion à ma place, pas de prendre des décisions à ma place. Il va falloir que je répare votre bévue, ce qui dépassera largement le temps que j'ai gagné en évitant cette réunion. J'ai eu tort de vous faire confiance. Cela ne se reproduira plus. Vous pouvez disposer. » La sentence tombe comme un couperet, et vous quittez le bureau sans dire un mot, même si vous vous sentez prêt à exploser. Parfois, le silence est d'or : toute parole ne ferait que vous enfoncer aux yeux de votre manager, généralement très affable et confiante envers les personnes à qui elle délègue des tâches. Ce n'est pas le moment de réagir, vous le savez. D'autant moins que, sur le coup, vous êtes très énervé, parce que cette sanction vous semble profondément injuste. La veille, elle vous avait demandé d'être son porte-parole pendant une réunion rassemblant les managers régionaux, dont elle fait partie. Au terme de cette réunion, ils avaient procédé à un vote pour modifier une modalité de reporting entre les départements régionaux et les commerciaux dont ils avaient la charge. Étant à égalité de voix, ils vous avaient pressé de voter. Vous vous étiez absenté quelques instants, pour appeler votre manager et avoir son avis. Vous la savez très à cheval sur le respect de la hiérarchie. Soit, mais elle était indisponible. Alors, vous aviez voté contre le changement... Ce qui vous semblait le choix le plus sécurisé et le plus facile à inverser, si nécessaire. Visiblement, ce n'était pas le bon. Vous savez que votre manager n'offre pas de seconde chance à ceux qui, selon elle, ne respectent pas l'ordre établi et font preuve d'individualisme.

Questions

1. *A priori*, qu'est-ce qui, dans le comportement de ce manager, rend l'interaction toxique ?

2. Quel est le vécu du collaborateur ?

3. Quelle est la source du problème qui les oppose ?

Analyse en bref

Dans cette situation, le collaborateur sait que sa manager est une femme plutôt sympathique qui fait confiance à ses collaborateurs. Elle accorde beaucoup d'importance à la hiérarchie, à l'ordre établi. Elle ne supporte pas l'individualisme dans la mesure où il les perturbe et peut détruire l'action collective. Le collaborateur sait aussi qu'il n'y aura pas de seconde chance. « La perfection » est donc un invariant, puisque l'erreur de ne pas se référer à la hiérarchie (ou de faire cavalier seul) n'est pas tolérée. Toute l'équipe le sait, ce qui signifie que c'est déjà arrivé et que ce n'est pas une attaque personnelle dirigée contre le collaborateur. Par ailleurs, la source de ce problème n'est pas une volonté de nuire de la part du collaborateur, mais bien un problème de communication. La mission confiée au collaborateur n'était peut-être pas si claire que cela. « Vous me représenterez », par exemple, peut être entendu comme : « Vous assisterez passivement » ou « Vous participerez activement et déciderez »... Enfin, le collaborateur est en colère.

Situation 2 :
Quand faire tout ce qu'on demande ne suffit pas

Chaque semaine, votre patron fait le tour de votre PME. C'est le directeur opérationnel, nommé par les trois associés fondateurs de l'entreprise. Il ne manque pas de passer à votre poste de travail, et cela vous déprime à l'avance. Que va-t-il vous trouver aujourd'hui ? Vous avez tout rangé, vos dossiers sont à jour, vous êtes correctement habillé et, quand vous l'entendez dans le couloir, vous commencez à vous surmener pour lui montrer que vous travaillez dur pour lui. Quand il arrive à votre portée, il dit, assez haut pour que vos collègues puissent l'entendre : « Eh bien ! Letisser, il me semble que votre poste de travail est rangé ? Vous vous apprêtez à nous quitter ? Ce serait dommage de nous passer d'un élément aussi brillant que vous... enfin, brillant, je parle surtout des photos de vos vacances que vous attachez au mur. Je plaisante. » Et tous vos collègues rient, même ceux qui rient jaune en vous regardant à la dérobée, empathiques mais surtout contents que ça ne tombe pas sur eux. Et le directeur poursuit « Bon, je compte sur vous pour le reporting de la semaine. Faites comme on a dit. » Sauf qu'« on », c'est personne, et que rien n'a été décidé : ce qui est attendu de vous n'est pas clair... Le directeur tourne les talons et vous restez seul. Humilié. Abattu. Et ce n'est pas la tasse de café qu'un collègue compatissant vous tend presque en cachette en vous disant que ce n'est pas si grave qui vous réconfortera. Car vous savez pertinemment comment se déroulera le prochain entretien de reporting. Quoi que vous fassiez, ce ne sera pas « ce qu'on » avait prévu. Vous pensez que votre manager a surtout prévu de jouer avec vous, et cela vous déprime...

Questions

1. *A priori*, qu'est-ce qui, dans le comportement de ce manager, rend l'interaction toxique ?

2. Quel est le vécu du collaborateur ?

3. Quelle est la source du problème qui les oppose ?

▦ Analyse en bref

Dans cette situation, le collaborateur craint le passage de son manager. Il s'angoisse à cette simple idée. À raison puisque son manager se moque de lui en public et l'humilie. Visiblement, cela arrive régulièrement et ce, quoi que fasse le collaborateur pour éviter les précédents motifs de moquerie ou quelle que soit son ardeur au travail. Il y a une forme de solidarité muette dans l'équipe, scindée entre les « chouchous » et ceux qui craignent que ça ne leur tombe dessus. Par ailleurs, les consignes énoncées par le manager ne sont pas claires. Enfin, le collaborateur déprime et est abattu. Ici, la toxicité sera d'autant plus difficile à éliminer que le manager est, *a priori*, protégé par sa propre hiérarchie, qui occupe le sommet de l'entreprise.

Situation 3 :
Quand vos droits sont considérés comme des lubies

Vous vous préparez à demander un jour de congé imprévu à votre manager. Vous vivez un événement familial difficile et vous devez vous absenter durant une journée. Vous savez que ce n'est pas le moment : votre équipe est en train de boucler un dossier important, et elle est en sous-effectif. Tout le monde doit énormément s'impliquer. Partir durant une telle période pourrait être catalogué « pas bien », et c'est le style d'étiquette dont tout le monde se passerait volontiers. Aussi avez-vous une pointe d'appréhension, de trac, quand vous toquez à la porte du bureau de votre manager. Il vous reçoit en prévenant d'emblée qu'il n'a que quelques minutes à vous consacrer et demande avec chaleur : « Où en êtes-vous dans le dossier ? » Il est, comme à son habitude, très enthousiaste face à ce nouveau défi dans lequel il n'hésite pas à donner de sa personne et à montrer l'exemple à toute l'équipe en enchaînant les heures supplémentaires et en emportant chaque soir du travail à son

Le stress, commun à tous les process

Dans les trois situations, ainsi que dans la vie courante, les collaborateurs ont des réactions très spécifiques de colère, d'abattement ou d'anxiété. Ces trois réactions sont des réactions de stress. Le stress joue un rôle essentiel dans le management toxique. Comme cause de toxicité, mais également comme indice permettant d'accélérer la prise de recul et la vue « hélicoptère ». Nous y reviendrons dans les sections suivantes.

domicile. Pourtant, il semble profondément insatisfait de lui-même, comme s'il n'en faisait pas encore assez. À le voir, on jurerait qu'il se trouve oisif, voire paresseux ! Or, franchement, il en fait trop... Vous lui répondez que le dossier avance et que toute l'équipe est très motivée, ce qui semble le contenter, mais également le rassurer. Brièvement. Car quand vous abordez le sujet de votre jour de congé, il affiche une expression du type « je n'ai pas dû très bien entendre ». Sa voix monte un peu dans les aigus quand il vous dit : « Nous avons besoin de tout le monde, il m'est impossible d'accéder à votre requête. » Il a l'air angoissé, tordu de l'intérieur. On dirait que, pour lui, ce dossier ressemble à un château de cartes qui vient de s'écrouler. Vous insistez néanmoins poliment et lui dites que, si ça ne tenait qu'à vous, vous préféreriez rester au travail, mais que vous n'avez pas le choix. Son expression change, il semble tout à coup vraiment déçu. Il griffonne un papier en s'énervant à moitié et vous le jette plus qu'il ne vous le tend, en disant : « Prenez toute la semaine, si vous le voulez. De toute manière, on s'en sortira bien sans vous. » Vous le remerciez et quittez la pièce, laissant votre manager à ses pensées, visiblement plutôt sombres. Vous venez de décrocher une mention « pas bien » dont vous mettrez quelques semaines à vous détacher. C'est déjà arrivé à d'autres dans l'équipe... Toujours dans des circonstances similaires : en plein rush de fin de projet. Vous vous sentez un peu confus et n'arrivez pas à réfléchir. Il vous faut une petite heure avant de vous reconcentrer pleinement sur votre travail.

Questions

1. *A priori*, qu'est-ce qui, dans le comportement de ce manager, rend l'interaction toxique ?

2. Quel est le vécu du collaborateur ?

3. Quelle est la source du problème qui les oppose ?

Analyse en bref

Dans cette situation, le collaborateur appréhende les réactions de son manager. Il y a de quoi, puisque ce dernier passe, en quelques instants, de la chaleur au contentement, puis de l'incrédulité à l'anxiété, à la déception, à l'énervement, à l'ironie pour finir par des idées noires. Le tout sur fond « d'implication ». L'implication est une qualité à laquelle votre manager attache trop d'importance. Tout le monde le sait dans votre équipe. Il y a comme un accord tacite entre le manager et le managé qui place momentanément les porteurs de l'étiquette « pas bien » au ban de l'équipe. Enfin, le collaborateur est agité. Il a le trac.

| À VOUS DE JOUER | *Selfcoaching étape 1-1 : Faites le point à froid sur la toxicité que vous vivez* |

Inspirez-vous des situations présentées ci-dessus, puis partez de votre expérience, des événements petits ou grands qui vous font penser que vous êtes la cible d'un management toxique. Dressez la liste des plus illustratifs d'entre eux, c'est-à-dire :

- les événements ordinaires, ceux qui se reproduisent de manière quotidienne ou hebdomadaire. Ils forment la « routine » du management toxique, le côté chronique de ce mal ;
- les événements extraordinaires, ceux qui ne se sont produits qu'à de rares occasions, mais qui vous ont durablement marqué. Ils forment les « pics » du management toxique.

Ensuite, décrivez chaque événement en dix lignes maximum, pour conserver les idées, les interactions, les paroles principales ainsi que votre ressenti, sans vous encombrer des détails du contexte ou de la conversation. Quand on parvient à résumer une situation, on n'en retient que l'essentiel, à savoir les composantes du management toxique.

Enfin, donnez-lui un titre qui représente la situation et que vous utiliserez par la suite.

Du contenu au process

Chaque personne qui intervient dans une situation le fait avec ses caractéristiques propres et sa personnalité, qui ne varient pas en fonction du temps ou du contexte. Ces « invariants », ou « traits communs », existent également pour toutes les situations toxiques que vous vivez : généralement, un type de réponse de votre part induit une réaction parfaitement prévisible de votre manager, et vice-versa. Dans les premières sections de ce livre, nous tenterons de retrouver ces invariants qui donneront des indications sur la personnalité de votre manager ou ses stratégies de management.

Pour vous y aider, rappelez-vous que vous travaillez en interaction avec une équipe, des collègues, qui vivent également des interactions avec le même management. Et ce, dans le cadre de la même organisation (grande entreprise, PME, institution, administration, etc.), en suivant les mêmes règles internes (règlements, process de travail, culture d'entreprise), qu'elles soient explicites ou implicites.

Personnalité du manager, collègues et organisation représentent trois sources d'informations essentielles pour repérer les invariants, étape indispensable à la mise en place d'un diagnostic de management toxique.

À VOUS DE JOUER | Selfcoaching étape 1-2 : Décryptez votre situation

Prenez votre carnet et répondez aux questions suivantes.

❶ Partez de la liste des événements petits ou grands dressée au paragraphe précédent. Analysez-les en retrouvant les invariants de chaque situation, ces petites choses qui ne changent pas, que l'on retrouve à chaque occasion. Aidez-vous de la check-list qui suit.

Remémorez-vous ces interactions toxiques avec votre management. Partez de votre impression, de votre vécu, de vos pensées, puis revenez sur les phrases, les attitudes, les gestes qui les ont déclenchées.
- Quel était votre sentiment après cette interaction ?
- Comment vous sentiez-vous ?
- À votre avis, comment se sentait votre manager ?
- Que vous a-t-on reproché ?
- Qu'est-ce qui vous a particulièrement blessé ?

❷ Demandez-vous ce qu'il aurait fallu qu'il se passe pour que vous n'ayez pas ce sentiment de toxicité.
- Avez-vous le sentiment que tout le monde, dans votre équipe, est logé à la même enseigne ?
- Qu'en pensent vos collègues ?
- Vivent-ils des interactions toxiques ? lesquelles ?
- Quelles sont leurs réponses aux questions ci-dessus ?

③ Quel genre de personne est votre manager ? Généralement, on connaît les gens que l'on côtoie, leurs talents, leurs forces, leurs manies, leurs lubies, leurs habitudes, leurs faiblesses et leurs lacunes…

Demandez-vous :
- Quel est le point fort de mon manager, en général ?
- Quel est son point faible, en général ?
- À quoi accorde-t-il de l'importance ?
- À quoi n'accorde-t-il *pas assez* d'importance ?
- À quoi accorde-t-il *trop* d'importance ?
- Qu'est-ce qu'il encourage ?
- Qu'est-ce qu'il ne supporte pas ?
- Quelle est sa capacité à accepter que les choses ne se déroulent pas comme il le souhaite ?
- Quelle est sa capacité à déléguer véritablement ?

Toutes les expériences personnelles nocives que vous vivez au travail se déroulent dans le cadre d'une entreprise, d'une organisation, d'une institution… À travers sa culture d'entreprise ou ses process de travail, cette dernière peut créer un climat propice au management toxique, le favoriser, voire même le générer. À l'inverse, elle peut également créer un climat où toute interaction toxique est proscrite et punie, ce qui tend à limiter leur nombre et leur étendue. Faites le point sur l'influence de votre organisation sur votre vécu de toxicité managériale.

À VOUS DE JOUER | *Selfcoaching étape 1-3 : Comment fonctionne votre organisation ?*

Résumez, en dix lignes maximum, ce que vous pensez de la manière de fonctionner de l'entreprise, de l'organisation ou de l'institution qui vous emploie. Partez de votre situation personnelle et demandez-vous :
- L'organisation du travail ou les règles de l'organisation sont-elles une source de stress pour les employés ou les prestataires externes ?
- Que fait l'organisation pour aider des personnes souffrant de management toxique ?

◾ Diagnostic différentiel de management toxique

Dans une large majorité des interactions toxiques, les comportements observés sont sous-tendus par un mode de fonctionnement et des mécanismes cérébraux spécifiques. Nous aborderons la question des différents systèmes du fonctionnement humain dans la section suivante.

Pour l'heure, puisque vous venez de faire un premier point sur votre vécu, nous vous proposons de vous livrer à un petit test pour diagnostiquer le type de toxicité dont vous êtes la cible. Dans les questions suivantes, entourez la réponse qui correspond le mieux à votre situation. Si aucune proposition ne correspond à votre vécu, n'entourez rien. Par contre, sachant que les modes de management toxiques peuvent (malheureusement) se cumuler, vous pouvez entourer plusieurs signes pour chaque question.

⏱ **TEST**

Question 1 : Si vous deviez résumer votre environnement de travail, quelle phrase utiliseriez-vous ?

- ▲ « Quel manque d'organisation ! Un vrai bordel ! »
- ● « À quelques frictions près, ça ne se passe pas trop mal. »
- ◆ « C'est des malades ! Compétents, parfois géniaux, mais il faut pouvoir les suivre ! »
- ◼ « On ménage le chef et ses susceptibilités. Il peut imploser à chaque instant. »
- ✳ « C'est la jungle. »

Question 2 : Quelles sont vos pensées par rapport à votre manager ?

- ◼ « Au début, tout allait bien, mais depuis x temps, il m'en veut, sans que je sache pourquoi. »
- ▲ « Qu'est-ce qui va encore me tomber sur la tête ? »
- ◆ « Il n'arrête pas de me critiquer. Tout ce que je fais est nul. »
- ✳ « Il m'intimide ou me met la pression gratuitement. »
- ● « Depuis le début, il ne supporte pas qui je suis/ce que je représente. »

Question 3 : À votre avis, votre manager est…

- ✳ Tyrannique.
- ■ Immature, un éternel insatisfait qui fait périodiquement une crise.
- ◆ Inépuisable, insensible à la souffrance et à l'échec.
- ● Peu ouvert, pas sympathique, stupide, bref : à l'opposé de vous.
- ▲ Un relais des échelons supérieurs, qui applique les consignes.

Question 4 : Votre manager vous reproche…

- ● Un trait qui lui déplaît de votre caractère.
- ▲ Votre immobilisme ou votre démotivation.
- ■ Votre manque d'implication, comme si vous n'en faisiez jamais assez.
- ✳ Tout et rien. Quoi que vous fassiez, il trouve quelque chose à redire pour vous rabaisser.
- ◆ Votre manque d'engagement, d'initiative… ce n'est jamais assez bien comparé à lui.

Question 5 : Par rapport à une charge normale de travail, votre manager :

- ✳ Dit qu'il travaille énormément. Mais on se demande ce qu'il fait vraiment…
- ◆ Travaille énormément. Il est inépuisable. Un bourreau de travail.
- ▲ Assure sa part de travail et conserve beaucoup de pouvoir décisionnel sur le travail des autres.
- ● Assure sa part de travail.
- ■ A l'impression de n'en faire jamais assez là où il en fait trop, et vice-versa. Au final, il s'épuise pour rien, souvent.

Question 6 : Les consignes de votre manager sont :

- ● Claires.
- ▲ Relativement claires sur vos responsabilités, peu sur votre pouvoir réel d'action.
- ✳ Pas vraiment claires, ce qui vous est souvent reproché après coup (« J'avais pourtant demandé que… »).
- ■ Claires mais mal calibrées : il en attend trop par rapport à la tâche réelle.
- ◆ Claires et très élevées en termes de quantité et de qualité.

Question 7 : Quelle est l'influence de votre manager sur l'ambiance de travail ?

♦ Il place la barre tellement haut que la plupart des gens sont complexés et se sentent incompétents.

✳ Il participe activement ou passivement à la création d'un climat d'insécurité permanente, de peur diffuse. On ne sait pas sur qui « ça » tombera…

■ Ça dépend de son humeur. Parfois enthousiaste, parfois anxieux, parfois déçu, parfois en train de ruminer.

● Neutre. Mais il y a les choses qu'il ne supporte pas.

▲ Neutre, mais il organise mal le travail, ce qui est très démotivant.

Question 8 : Parmi ses collaborateurs, dont vous faites partie, votre manager a-t-il des préférences ?

♦ Oui, il s'entoure de ceux qui fonctionnent comme lui et est assez peu accessible pour les autres.

● Non, pas plus que quelqu'un d'autre. Mais il y a ceux qu'il ne supporte pas.

▲ Non, pas plus que quelqu'un d'autre.

✳ Oui. Il a ses préférés, qui ont tendance à lui lécher les bottes, et ses têtes de Turcs, qui ont tendance à en avoir peur.

■ Oui, souvent les nouveaux venus. Mais, généralement, ça ne dure qu'un temps…

Question 9 : Quand cela ne se passe pas comme il veut, mon manager :

✳ A tendance à me mettre une pression d'enfer pour avoir ce qu'il veut, quitte à faire des crises de colère et à m'insulter.

● Stresse et/ou me reproche un aspect précis de ma personnalité.

▲ Me parle surtout de mes responsabilités mais refuse de me céder le pouvoir d'action indispensable.

■ Stresse et a tendance à être douloureusement déçu et à me le reprocher par la suite.

♦ Stresse et a tendance à me planter là et à ne plus rien me demander.

Question 10 : Qu'est-ce qui vous démotive, ou vous démoralise, ou vous déprime le plus ?

- ■ Les allusions pleines de reproche de mon manager qui a, envers moi, une agressivité incompréhensible.
- ✱ Les manières irrespectueuses de mon manager qui se croit tout permis et me traite comme un chien.
- ▲ Être limité dans mes mouvements alors que je devrais être plus autonome.
- ◆ Quoi que je fasse, ce n'est jamais assez bien. On me laisse penser que je suis incompétent, ce qui est inexact.
- ● La disqualification systématique par mon manager, à qui je ne plais pas.

Vous avez une majorité de :

▲ Vous vivez un management toxique de type « mission impossible ».

Il existe une marge considérable entre ce que votre management attend de vous et les moyens que l'on vous donne pour atteindre vos objectifs. Ce qui vous fait dire de votre manager quelque chose comme : « Il profite de sa position pour exercer son pouvoir, puis il se décharge des conséquences de ses décisions. Quand ça dérape, après, c'est pour ma pomme ! C'est injuste. » Vous avez l'impression de ne pas avoir sa confiance. D'être là pour essuyer les plâtres et subir les conséquences des décisions prises par d'autres moins bien placés que vous pour réaliser le travail attendu, voire moins compétents sur cette tâche spécifique. Parfois, la toxicité peut se limiter à une tâche. Parfois, tout un service est atteint. C'est en fonction de l'organisation et de la personnalité du manager. Dans les cas les plus aigus, on peut même penser que le manager profite de sa position et de l'impunité qu'elle lui garantit. Quand ça se passe mal, le sentiment d'injustice est d'autant plus criant qu'on n'a pas eu la possibilité d'organiser les choses comme on l'aurait souhaité. Et qu'on est puni à la place d'un autre, qui refuse de prendre ses responsabilités.

Vous allez devoir lutter contre les process de travail mis en place dans l'organisation (à votre niveau).

Votre mission : rétablir l'équilibre entre les attentes et les moyens.

Votre atout : votre démarche rendra l'organisation plus fluide et performante (à votre niveau).

Votre difficulté particulière : vous serez peut-être confronté à de la résistance au changement de la part de votre manager, qui n'est que le relais de l'organisation et souffre peut-être du même mal que vous.

● *Vous vivez un management toxique de type « antipathie ».*

Il y a quelque chose en vous qui réveille les intolérances de votre manager. Vous avez le sentiment qu'il vous a dans le nez. Vous l'énervez sans savoir très bien pourquoi. Rien de personnel (ni de professionnel), sauf qu'en votre présence, il montre des symptômes d'énervement, d'agitation ou d'abattement, ce qui peut induire chez vous des réactions de stress. Vous vous dites des choses comme : « Il ne m'aime pas. Ça tombe bien : moi non plus, je ne l'aime pas » ; « Quel imbécile ! » ; « Pour qui il se prend, à me juger comme ça ? » ; « C'est quoi, son problème ? Qu'est-ce que je lui ai fait ? » ; « Je ne le supporte plus, c'est épidermique ! » ; « Mieux vaut qu'on ne se croise pas trop. Un jour, ça va dégénérer »… Vous estimez qu'il vous manque de respect, ce qui vous indigne, vous met en colère. Vous êtes piqué au vif dans votre manière d'être, de faire, de voir les choses. Vous vous sentez jugé, mésestimé. Vous pourriez aussi ressentir de l'abattement et vous demander ce que vous devriez faire pour éviter ces remarques, critiques, réprimandes… Tout ceci nuit à votre relation de travail. La toxicité s'installe lorsque les échanges conservent en filigrane la trace des échanges précédents, de la colère refoulée, de l'abattement. Le passif s'alourdit tellement qu'il devient ardu de collaborer pleinement. Cette forme de toxicité s'adresse aux personnes dont le comportement réveille les intolérances du manager. Ces dernières peuvent se focaliser sur une personne qui est la seule à présenter une valeur, un trait de caractère ou de comportement ou être dirigées vers un groupe de personnes qui partagent, sans nécessairement se connaître, une valeur, un trait de caractère ou un comportement commun. Les seules personnes à être épargnées sont celles qui, en ne le confrontant pas à ses intolérances, pensent comme lui.

Votre mission : lutter contre les intolérances de votre manager (et les vôtres) et modifier sa perception de vous (et votre perception de lui).

Votre atout : votre démarche favorisera l'ambiance de travail et pourrait déboucher sur une relation plus ouverte avec votre manager.

Votre difficulté particulière : vous serez confronté à sa manière de voir les choses (pleine de certitudes !) et devrez faire évoluer la vôtre.

◆ *Vous vivez un management toxique de type « 4×4 ».*

Votre manager est (très) efficace dans ce qu'il fait mais a un gros défaut : il pense que tout le monde fonctionne ou doit fonctionner comme lui. Très exigeant, il est intolérant pour ceux qui n'arrivent pas à respecter son rythme de travail, son investissement ou sa forme d'excellence. Particulièrement critique, c'est le champion des retours complexants, et il a tendance à laisser de côté ceux en qui il ne se reconnaît pas et à avancer sans eux. C'est pourquoi vous vous surprenez à penser des choses telles que : « Ce que je fais n'est jamais assez bien » ; « Il me prend pour un nul, un incompétent ! » ; « Mon patron n'arrête pas de me filer des complexes » ; « Soit tu fonctionnes comme lui, soit tu te fais jeter. » Les sentiments qui prédominent sont mixtes. D'un côté, on éprouve de l'admiration. De l'autre, on ressent de l'écrasement et de l'abandon :

- l'admiration provient de la compétence et de la motivation développées, mais également de l'impression d'être face à un monolithe qui avance sans jamais se décourager, ou si peu, malgré les obstacles. C'est impressionnant ;
- l'écrasement émane du fait d'être régulièrement critiqué. On se sent largué, pas à la hauteur, incompétent… C'est culpabilisant, parce qu'on ne répond pas aux attentes du manager, mais c'est aussi complexant, parce que, même si on fait de son mieux pour y répondre, ça ne suffit pas ;
- enfin, d'une manière ou d'une autre, après un certain temps, on est mis de côté par le manager. Pas forcément avec beaucoup de fracas. Juste délaissé, comme si on n'entrait plus dans ses plans, comme s'il ne comptait plus sur nous. Un sentiment d'injustice peut apparaître à ce moment, parce qu'on a fait beaucoup d'efforts pour répondre aux attentes et que ce résultat apparaît comme une punition.

La toxicité de ce type de management touche la plupart des collaborateurs. Les seuls à y échapper sont ceux qui ressemblent effectivement au manager (ceux qui font semblant ne tiennent pas et se grillent sur la distance).

Votre mission : modifier sa perception de vous et réintégrer les rangs des personnes sur qui il peut compter.

Votre atout : votre démarche lui permettra de prendre du recul sur son fonctionnement et rendra l'équipe plus soudée et performante (à commencer par vous).

Votre difficulté particulière : lui faire passer le message (avec humilité, objectivité et enthousiasme).

■ *Vous vivez un management toxique de type « hyper ».*

Qu'il soit hyper-méticuleux, hyper-sociable, hyper-sympa ou hyper-compétitif, votre manager est surtout « hyper » instable et très ambivalent. Il est très susceptible sur certains points, et il faut le prendre avec des pincettes lorsqu'on les aborde avec lui. Pourtant, au début, tout allait (trop) bien, puis, un jour, la situation s'est détériorée, comme par un tour de magie. Il a l'air déçu par vous, sans que vous puissiez savoir comment ni pourquoi, et il vous le fait payer par des remarques caustiques. Ce qui explique votre incompréhension : « Du jour au lendemain, ma position a changé. C'est dur d'avoir été mis sur un piédestal puis d'en descendre d'un coup » ; « Mais qu'est-ce que j'ai bien pu faire pour que ça change à ce point ? » ; « Et le pire, c'est que je ne sais toujours pas ce qu'il me reproche » ; « Mon patron ? Un éternel insatisfait, égoïste et capable de piquer des crises sans raison » ; « Il y a des sujets qu'il vaut mieux éviter : il démarre au quart de tour ! » ; « Il se comporte avec moi comme un mari jaloux. » Votre manager n'est pas clair. Son comportement semble tout à fait irrationnel, parfois enthousiaste, parfois anxieux, parfois amer… Quant à vous, vous avez l'impression d'être pris en otage par quelque chose qui vous échappe complètement… Le sentiment qui prédomine, c'est, en fonction de la durée de la relation managériale, l'exaltation et l'envie, la fatigue et le ras-le-bol, puis la méfiance ou la rancune. Tout le monde est une cible potentielle de ce côté « hyper » et, souvent, on trouve dans l'équipe d'autres personnes jugées « décevantes ». Les nouveaux arrivants sont toutefois une cible de choix. Ils arrivent vierges d'expériences et focalisent les attentes frustrées du manager. Mais ça ne dure qu'un temps…

Votre mission : apprendre à gérer cet état d'hyper pour ne plus avoir de souci avec lui.

Votre atout : votre démarche vous permettra de consacrer du temps et de l'énergie à d'autres sujets plus utiles…

Votre difficulté particulière : freiner l'un ou l'autre pan de votre personnalité pour éviter de retomber dans le piège de l'hyper et s'armer de patience et de ténacité.

✳ *Vous vivez un management toxique de type « despote ».*

Votre manager est un tyran qui règne sans partage sur son fief : votre service. Tout le monde a peur de lui. Misant tout sur le pouvoir, il déstabilise, intimide, influence, terrorise aussi, parfois. Rien de ce que vous faites n'est jamais bon. Rien n'est jamais clair. C'est toujours votre faute. Tout le monde se méfie. Il divise pour régner et s'entoure de quelques lieutenants souvent plus royalistes que le roi, qui portent sa voix. L'ambiance dans votre service est assez détestable. En coulisse, vous pensez quelque chose comme : « Quel sale c… ! » ; « Il ne supporte pas qu'on lui dise "non" » ; « C'est comme il veut, quand il veut » ; « Il s'en prend toujours aux plus faibles que lui » ; « Quoi qu'on fasse, ça nous est toujours reproché » ; « Quand on s'oppose à lui, on se fait écraser » ; « Au travail, tout le monde a peur » ; « Il y a toujours une menace qui plane ». Le sentiment qui prédomine, c'est l'anxiété, la peur impalpable, irrationnelle, qui est présente en permanence. On vit avec une épée de Damoclès au-dessus de la tête, qui peut tomber à tout moment, sans crier gare. Rien de ce que l'on peut faire ne prémunit à coup sûr d'un comportement toxique. Le second sentiment qui prévaut, c'est la culpabilité. On se sent coupable, sans trop savoir pourquoi. C'est une arme que les patrons « despotes » utilisent dans leur majorité. Ils renvoient l'image que vous n'êtes rien, que tout est toujours de votre faute, que vous faites tout de travers… et qu'ils sont la victime de votre incompétence ! On perd en partie son libre arbitre. On n'a pas le sentiment de pouvoir refuser d'obéir aux « demandes » du manager. Il faut toujours tout faire, tout de suite, au risque de subir une pression invraisemblable, sans commune mesure avec la demande. Et quand on a accompli la tâche demandée : pas un merci, rien. Comme s'il était normal de se plier en quatre pour le satisfaire. Tout le monde est une cible potentielle de ce type de toxicité. Les plus faibles, dont la capacité de défense est moindre ou qui ne correspondent pas à la norme, sont les plus exposés. Toutefois, même quand on n'est pas une cible directe, on est généralement stressé par l'anxiété diffuse de devenir soi-même la cible de la toxicité.

Votre mission : réduire son pouvoir de nuisance en vous dégageant de cette peur, de cette culpabilité.

Votre atout : cette fois, vous ne disposez pas vraiment d'atout, car votre manager jouit fréquemment d'une très bonne réputation dans l'organisation et il fera tout pour empêcher que la situation, avantageuse pour lui, change.

Votre difficulté particulière : donner moins de prise aux manœuvres d'intimidation en travaillant sur votre propre position instinctive.

Synthèses des cinq types de management toxiques

Management « Mission impossible »

VÉCU PERSONNEL	ATTITUDE MANAGER	ENVIRONNEMENT
Vous vous sentez : saboté. Vous n'avez pas la confiance de votre manager. **Vous pensez :** « Il se décharge des conséquences de ses décisions. Quand ça dérape, après, c'est pour ma pomme ! C'est injuste ».	Applique, soit consciencieusement, soit en les détournant à son profit (pouvoir), les processus en vigueur dans l'entreprise. Sépare, volontairement ou non, les responsabilités confiées du pouvoir d'action nécessaire à les assumer.	Neutre. Ce type de management peut se limiter à une tâche. Parfois, tout un service est atteint. C'est fonction de l'organisation et de la personnalité du manager.

Management « Antipathie »

VÉCU PERSONNEL	ATTITUDE MANAGER	ENVIRONNEMENT
Vous vous sentez : mésestimé, jugé. Vous êtes indigné (ou abattu), on vous manque de respect. **Vous pensez :** « Il ne m'aime pas » ; « Quel idiot ! » ; « Pour qui il se prend, à me juger comme ça ? » ; « Qu'est-ce que je lui ai fait ? »	En votre présence, il est énervé, agité ou abattu. Vous avez le sentiment qu'il ne vous aime pas. Vous n'êtes pas le seul : ne sont épargnés que ceux qui pensent et agissent comme lui.	Climat relativement neutre, mais teinté de jugement de l'autre en fonction de ce qu'en pense la hiérarchie (ou contre ce qu'elle en pense).

Management « 4x4 »

VÉCU PERSONNEL	ATTITUDE MANAGER	ENVIRONNEMENT
Vous vous sentez : incompétent, nul, mis de côté, complexé par un manager parfois admirable. **Vous pensez :** « Ce que je fais n'est jamais assez bien » ; « Soit tu fonctionnes comme lui, soit tu te fais jeter ».	(Très) efficace et (très) critique. Pense que tout le monde doit fonctionner comme lui. Exigeant et intolérant envers ceux qui ne s'alignent pas sur son rythme de travail, son investissement ou sa forme d'excellence.	La pression prend la forme de l'excellence. Soit on est à la hauteur du manager, soit on est délaissé. L'équipe est divisée en deux catégories : ceux qui fonctionnent comme le manager et s'alignent sur son rythme (les proches) et les autres.

Management « Hyper »

VÉCU PERSONNEL	ATTITUDE MANAGER	ENVIRONNEMENT
Vous vous sentez : exalté, plein d'envie au début, puis fatigué et saturé, puis méfiant ou rancunier.	« Hyper » quelque chose. Instable, ambivalent, très susceptible sur certains points.	La pression est formée d'attentes muettes et de comportements incompréhensibles.
Vous pensez : « Du jour au lendemain, ma position a changé. Qu'est-ce que j'ai bien pu faire ? » ; « Il est rancunier et aigri ».	Sur un même sujet est tour à tour enthousiaste, anxieux, amer, même s'il obtient des résultats. Il a l'air déçu par vous sans que vous sachiez pourquoi.	Les nouveaux sont accueillis avec enthousiasme, voire fébrilité. Certains anciens ont été « décevants » et sont proscrits. La bascule de l'un à l'autre est rapide et inexplicable.

Management « Despote »

VÉCU PERSONNEL	ATTITUDE MANAGER	ENVIRONNEMENT
Vous vous sentez : anxieux (vous ne savez pas ce qui va vous tomber sur la tête) et coupable, sans raison apparente.	Tyrannique, il règne sur son fief. Il déstabilise, intimide, influence, terrorise aussi, parfois. Rien de ce que vous faites n'est jamais bon. Rien n'est jamais clair. C'est toujours de votre faute.	La pression prend la forme d'un climat d'insécurité permanente. Tout le monde se méfie. L'équipe est divisée entre les chouchous (lieutenants) du manager et les autres. C'est un peu la jungle…
Vous pensez : « Quel sale c… ! » ; « C'est comme il veut, quand il veut » ; « Quand on s'oppose à lui, on se fait écraser ».		

A priori, vous avez désormais une idée plus précise du type de management toxique dont vous êtes la cible. Comme vous le constatez, les « traits communs » aux situations que vous vivez sont également des traits communs aux situations que d'autres vivent. C'est pourquoi il est intéressant d'avoir l'éclairage des mécanismes cérébraux qui interviennent. C'est l'objet des pages suivantes. Si vous voulez directement en savoir davantage sur la manière de gérer le management toxique qui vous préoccupe, rendez-vous à la dernière section de cet ouvrage… Rien ne vous empêche de lire les autres sections par la suite.

Grille de lecture de nos systèmes de fonctionnement

Le rapport entre le cerveau et le management réside dans le fait que c'est bien le comportement toxique de votre manager qui vous sape le moral. Or tous les comportements humains (actes, attitudes, pensées, paroles, émotions, réactions ou décisions) ont une origine commune : le cerveau. Donc, tout comportement toxique (ou non) de votre manager est lié à son cerveau, de même que chacune de vos réactions est liée au vôtre. Les mécanismes du cerveau qui analysent et gèrent les situations que nous vivons sont identiques chez tous les êtres humains. C'est pourquoi nous les appelons des « systèmes »[1]. Grâce à cette connaissance des grands systèmes de fonctionnement partagés par tous les individus disposant d'un cerveau « normal », il sera possible de mieux comprendre les interactions entre votre management et vous. Donc d'élaborer une stratégie d'action. Car ne pas tenir compte de ces mécanismes constitutifs de l'être humain, c'est méconnaître les causes des discussions orageuses ou des relations conflictuelles. C'est également, dans les organisations, imaginer et implémenter des process de travail incompatibles avec le fonctionnement de l'être humain[2]...

Que vous soyez observateur ou acteur d'une situation, votre cerveau est en activité. Dès lors que vous êtes en interaction avec une autre personne, votre cerveau perçoit des stimuli, les traite et gouverne vos réactions. Mieux comprendre ces mécanismes permet de mieux les gérer et adapter son comportement.

Il est possible de regrouper certains mécanismes essentiels au sein de systèmes de fonctionnement, qui correspondent à quatre missions bien distinctes :

---

1. Un système est un dispositif constitué d'un ensemble de mécanismes et de modes de fonctionnement, qui assurent une ou plusieurs fonctions déterminées.
2. Pour étayer notre propos, nous nous appuierons sur les travaux menés depuis 1987 par le laboratoire de psychologie et neurosciences de l'Institut de médecine environnementale (IME – Paris), en coopération scientifique avec divers organismes publics et privés. Ces études transdisciplinaires intègrent notamment les thérapies cognitives et comportementales, la psychologie, les sciences et neurosciences cognitives, l'éthologie et la psychologie de la santé. Elles cherchent à établir des liens entre le cerveau et la cognition (mécanismes de pensée), les comportements, les émotions, les motivations ou encore la perception sociale. Pour en savoir plus sur les références scientifiques, rendez-vous sur le site *www.ime.fr*, espace Pôle Recherche.

- assurer la survie individuelle ;

- assurer la survie collective ;

- structurer les motivations personnelles et la vie sociale ;

- permettre l'adaptation et l'innovation dans un environnement complexe et incertain.

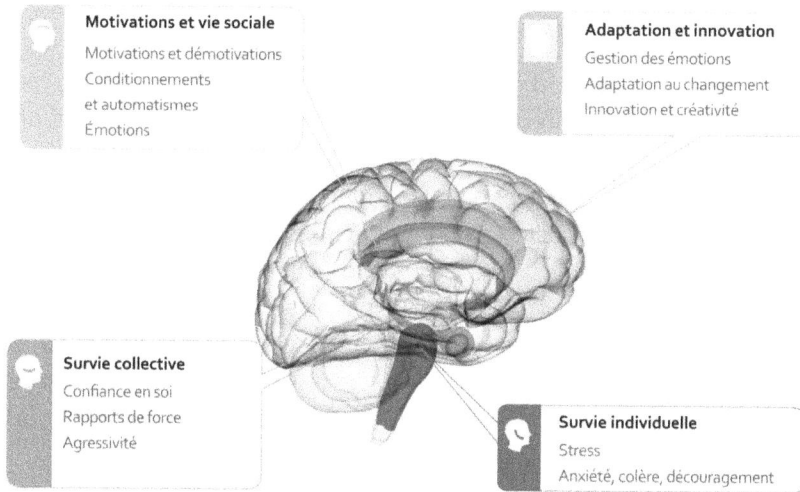

Motivations et vie sociale
Motivations et démotivations
Conditionnements
et automatismes
Émotions

Adaptation et innovation
Gestion des émotions
Adaptation au changement
Innovation et créativité

Survie collective
Confiance en soi
Rapports de force
Agressivité

Survie individuelle
Stress
Anxiété, colère, découragement

© Institute of NeuroCognitivism.

Survie individuelle

D'où ça vient et comment ça marche ?

En priorité sur toute autre considération, le cerveau a pour fonction d'assurer la survie de l'individu lorsqu'il perçoit un danger dans l'environnement. Si c'est le cas, il lance un message d'alerte qui déclenche un mécanisme de protection extrêmement rapide auquel se soumet, toutes affaires cessantes, l'organisme. Le secret résidant dans la rapidité de sa réaction, le mécanisme privilégie quelques réponses fiables, génétiquement préprogrammées, que connaissent également la plupart des espèces animales. Ces mécanismes représentent les différents aspects d'un comportement réactif connu sous le nom de *stress*.

La mission d'assurer la survie est prise en charge par les territoires phylogénétiquement anciens[1], dits « reptiliens ». Ils sous-tendent des comportements instinctifs, fonctionnels dès la naissance. Le bébé, au sortir du ventre de sa mère, est déjà capable d'expérimenter chacune des trois réactions de stress qui seront, physiologiquement, identiques aux réactions de stress que vous rencontrez dans votre quotidien d'adulte. Ces comportements que nous adoptons en situation de stress sont des comportements stéréotypés. Face à des situations identiques, la réaction de stress peut prendre trois formes :

- la fuite : on a envie d'être ailleurs. La fuite est fondée sur un vécu d'anxiété qui se manifeste, corporellement, par des tremblements, une voix instable, des tensions musculaires (jambes) ou une envie d'uriner. On tente de fuir, d'échapper à la contrainte de l'agresseur. Soit on est agité, confus, embrouillé : on a des difficultés à se concentrer, on pense à mille choses à la fois sans en accomplir aucune. On est angoissé, tendu, on a le trac, on a peur. On ne se sent pas en sécurité (un sentiment très efficace pour vous donner envie de fuir…). Par exemple, une machine que vous utilisez tous les jours refuse de fonctionner. Vous essayez fébrilement de trouver la source du problème mais n'arrivez pas à vous concentrer sur une stratégie ;

- la lutte : on a une sensation de supériorité. La lutte est fondée sur un vécu d'énervement qui se manifeste, corporellement, par une tension intérieure, des traits tendus, un regard fixe, une voix forte, des gestes brusques et précis. On cherche à impressionner, à ne pas se faire dominer, quitte à devenir agressif. Soit on s'énerve, soit, mieux, on se met en colère (très impressionnant, la colère). On est focalisé sur son « adversaire » avec un esprit vif, concret, une répartie directe. On dit des mots qui, souvent, dépassent notre pensée. On est orgueilleux… Par exemple, une machine que vous utilisez tous les jours refuse de fonctionner. Vous reproduisez vos gestes habituels à plusieurs reprises, en vous énervant de plus en plus ;

- l'inhibition : on se sent impuissant, on est découragé. L'inhibition est fondée sur un vécu d'abattement, de lassitude qui se manifeste, corporellement, par une chute de l'énergie, une voix basse, des pleurs, un besoin de sommeil. On cherche de la protection ou un soutien affectif.

---

1. Relativement anciens du point de vue de l'évolution des espèces.

On ne désire plus rien, on voit les choses avec pessimisme. Soit on se dévalorise, on est d'accord avec celui qui semble sûr de lui, soit on est abattu, déprimé et on peut faire des siestes qui durent des heures et ne requinquent pas. Par exemple, une machine que vous utilisez tous les jours refuse de fonctionner. Vous vous sentez impuissant à trouver une solution et décidez, démoralisé, de vous passer de cette machine.

Comment l'interpréter ?

Le stress est un signal d'alarme qui indique que l'organisme se sent en danger.

Les personnes en état de stress réagissent de manière stéréotypée et très reconnaissable.

Le stress court-circuite les autres mécanismes cérébraux, qui ne redeviennent disponibles qu'à sa disparition.

Comment expliquer l'émergence de stress dans des situations de tous les jours, alors que la survie n'est pas directement menacée ? Bonne question. Nous aurons l'occasion de revenir sur cette « incohérence » dans la section suivante.

Comment repérer l'expression de ce système ?

Dans votre vie professionnelle (ou personnelle), vous vivez ou observez l'activation de ce système lorsqu'apparaît, de manière ponctuelle, du stress sous l'un de ses formes.

Quelle perspective, dans le cadre du management toxique ?

Tout management toxique est source de stress. Le stress peut donc être compris comme un signal indiquant, entre autres, la présence de management toxique.

Tout management par le stress est, par définition, un management toxique puisqu'il joue, en créant artificiellement du danger, sur un système conçu pour nous protéger.

Le stress peut être géré de manière à dévoiler la cause du management toxique, comme nous le verrons dans la section suivante.

À VOUS DE JOUER | ### Selfcoaching étape 2-1 : Identifiez vos sources de stress

À partir des situations que vous avez décrites (voir « Selfcoaching étape 1-1 »), retrouvez celles où vous ressentez du stress. Appuyez-vous sur les réponses que vous avez déjà fournies à la première étape de votre selfcoaching. L'idée, ici, consiste à voir, dans votre vie au travail, quand et où apparaissent les manifestations du stress. Nous les affinerons dans le paragraphe suivant, traitant du vécu de stress.

Par rapport à votre manager ou à votre organisation :
- Dans quelles situations ressentez-vous de l'énervement, de la colère, de l'impatience (ponctuelle) ?
- Dans quelles situations ressentez-vous de l'anxiété (pour une raison précise), du trac, de l'agitation ?
- Dans quelles situations ponctuelles (même répétitives) vous sentez-vous déprimé ?

Survie collective

D'où ça vient et comment ça marche ?

Seconde dans l'ordre des priorités, la mission d'assurer la survie collective, à savoir la pérennité du groupe d'appartenance et plus largement de l'espèce, repose, à l'origine, sur le besoin d'éviter que les individus d'un même groupe s'entre-tuent soit par prédation, soit à travers des luttes de pouvoir au cours desquelles chaque protagoniste poursuit l'objectif de régner sur le clan par une succession de combats à mort. Ces comportements visant à assurer la survie collective sollicitent les territoires limbiques phylogénétiquement anciens[1] de notre cerveau (notamment l'amygdale).

L'homme partage avec de nombreux animaux, notamment les mammifères, ce système de régulation des rapports de force qui vise à attribuer à chaque individu une position au sein de la « hiérarchie primitive » de son groupe. Cette position dépend à l'origine largement de la force (puissance physique) de l'individu au regard de celle de ses congénères. Une fois

---

1. Relativement anciens du point de vue de l'évolution des espèces.

acquise, elle est d'une grande stabilité. En outre, pour que chaque individu de l'espèce s'y retrouve, même s'il débarque dans un clan étranger, une série de comportements codifiés, différents pour chaque espèce, correspond à chaque échelon hiérarchique. Chez les gorilles, le mâle dominant se frappe fort la poitrine. C'est clair pour tous les gorilles. Dans une meute de chiens, l'individu qui perd un combat se soumet en se couchant sur le dos et en tendant sa jugulaire. C'est clair pour tous les chiens. Chez l'homme, de façon assez semblable mais plus complexe, chaque être humain sait « instinctivement » où se situe un autre être humain par rapport à sa propre position, quelle que soit sa culture ou l'époque durant laquelle il a vécu. Nous y reviendrons en détail par la suite, dans la section traitant du management façon « despote » (voir p. 159), mais retenons d'ores et déjà que plus nous avons du mal à dire « non » à quelqu'un, plus nous sommes impressionnés par sa confiance en lui et sa capacité à obtenir ce qu'il veut, plus il est probable que sa position au sein de la « hiérarchie primitive » soit supérieure à la nôtre.

Attention, on ne parle pas ici de hiérarchie liée à nos valeurs morales, sociales ou culturelles, telles que la méritocratie, un diplôme prestigieux ou une fonction élevée dans l'organigramme de l'entreprise. Non. On parle ici d'une « hiérarchie primitive » s'étendant de la position de « dominance » très marquée à la position de « soumission » très marquée.

Comment l'interpréter ?

Ce système donne une place à chaque individu dans le groupe. Les autres individus connaissent instinctivement la place de chacun.

Chacun adopte un comportement codifié correspondant à sa place dans la hiérarchie.

Ce système est basé sur la peur (irrationnelle) du plus fort.

Le « passage à l'acte » est très rare : ce système est conçu pour limiter les combats à mort. Il est donc essentiellement symbolique.

Comment repérer l'expression de ce système ?

Dans votre vie professionnelle (ou personnelle), votre instinct grégaire prend automatiquement le contrôle quand vous vous trouvez dans une situation sociale.

Vous vivez ou observez l'activation de ce système grégaire quand apparaissent des rapports de force et des comportements soit d'intimidation, d'insistance nette, d'agressivité ou de ridiculisation, chez ceux qui en jouent, soit de culpabilité et d'anxiété diffuses mais persistantes, chez ceux qui les subissent. Ces comportements s'affichent de manière sporadique, mais la crainte de les voir (ré)apparaître est quasi constante.

Selon l'ESTIME publiée en 2012, 27 % des répondants considèrent que les rapports de force entre collègues font partie du fonctionnement normal de leur service…

Quelle perspective, dans le cadre du management toxique ?

Le système « survie collective » est au fondement du management façon « despote » et de la présence de rapports de force dans les équipes.

Ce système est inconscient et les comportements codifiés exprimés le sont tout autant : votre manager ne sait ni où il se situe sur l'échelle hiérarchique, ni comment il s'y prend pour conserver sa position. Aborder le sujet avec lui est, en pratique, extrêmement délicat, voire impossible. C'est déconseillé.

L'objectif, dans le cadre de cet ouvrage, consiste à prendre conscience des codes ancestraux utilisés par les individus dominants. À mieux les lire. À ne pas se laisser piéger. À mieux contrer leur pouvoir toxique. À réduire le vécu de peur, voire à l'éliminer, en gérant le niveau hiérarchique spontané (« primitif ») de votre manager.

À VOUS DE JOUER | *Selfcoaching étape 2-2 : Identifiez les sources de rapports de force*

À partir des situations que vous avez décrites (voir « Selfcoaching étape 1-1 »), retrouvez celles où vous ressentez la présence de ce système hiérarchique primitif. Appuyez-vous sur les réponses que vous avez déjà fournies à la première étape de votre selfcoaching. L'idée, ici, consiste à voir, dans votre vie au travail, où apparaît cette notion de position hiérarchique primitive vis-à-vis du groupe.

Par rapport à votre manager ou à votre organisation :

- Ressentez-vous de la peur, une crainte latente, comme une menace toujours présente mais qui s'exprime peu ? Si oui, envers quelle personne (cela peut être un collègue) ?
- Existe-t-il des rapports de force dans votre équipe ? si oui, entre qui ?
- Peut-on appliquer à votre management la phrase « diviser pour régner » ?
- Avez-vous le sentiment que certains sont rabaissés ou remis à leur place injustement ? Si oui, se sentent-ils généralement plutôt coupables et anxieux, (sans raison apparente) ?
- Quand les choses ne se déroulent pas comme votre manager le souhaite, a-t-il tendance à entrer dans un rapport de force (intimidation, pression, ridiculisation, etc.) pour obtenir ce qu'il veut ?

Motivations et vie sociale

D'où ça vient et comment ça marche ?

La stricte survie étant assurée par les deux premiers systèmes, un troisième système se consacre à une autre mission essentielle chez l'homme : mener à bien des actions individuelles (et non pas seulement des réactions) et des interactions sociales tenant compte des règles spécifiques à son milieu familial, socioculturel...

Nos émotions et nos motivations (mots qui ont une racine latine identique : *movere*, « mouvoir ») seraient sous-tendues, en particulier, par les territoires limbiques phylogénétiquement plus récents[1] de notre cerveau. Il est possible d'identifier des motivations de différentes natures : la première (dite « primaire ») est stable, source d'épanouissement véritable, tandis que les autres évoluent au cours de la vie et entraînent inévitablement des déceptions, voire de l'amertume... d'où l'importance de savoir les distinguer.

Les motivations durables (dites « primaires »)

Il s'agit des motivations qui se sont forgées à notre plus jeune âge, dans les premiers mois de notre vie. Tout le monde dispose d'un tel réservoir motivationnel (parfois sous-exploité), support de nos vocations et de nos préférences durables. Ces motivations spontanées et inconditionnelles

---

1. Relativement récents du point de vue de l'évolution des espèces.

expriment notre nature profonde. Elles se traduisent notamment par l'adhésion à certaines valeurs, que nous considérons comme « fondamentales » dans notre existence, ou encore par un art de vivre qui nous correspond vraiment. Elles renvoient à la notion de plaisir en soi et ne sont liées ni à un quelconque résultat, ni à la reconnaissance des tiers. Les motivations « primaires » restent donc stables tout au long de notre vie : les mobiliser permet de nous ressourcer et de nous épanouir.

> ➥ *Exemples* : *Certains petits garçons jouent aux voitures en les lançant les unes contre les autres pour faire des accidents extraordinaires. D'autres jouent en les alignant consciencieusement ou en les classant par styles. D'autres représentent des scènes de la vie de tous les jours et ont fini de jouer quand ces scènes correspondent à la représentation qu'ils avaient en tête. D'autres encore se mettent comme défi de les faire aller de plus en plus loin ou de plus en plus vite. Ces comportements font partie de leur répertoire comportemental spontané et sont reliés à un « art de vivre », un plaisir spécifique : le plaisir du mouvement, le plaisir du contrôle, le plaisir de comprendre la réalité, le plaisir du défi… Cet art de vivre se retrouvera dans leur vie d'adulte (généralement dans leurs hobbies).*

▬ Les motivations conditionnelles (dites « secondaires »)

Il s'agit des motivations issues de l'éducation et de l'environnement socioculturel notamment, acquises durant l'enfance et l'adolescence. Ces motivations sont beaucoup plus fragiles car elles dépendent de facteurs extrinsèques, comme les résultats obtenus ou la reconnaissance. Elles peuvent ainsi être renforcées si les résultats et/ou la reconnaissance obtenus sont positifs, mais peuvent, dans le cas contraire, soit se rigidifier (intolérance face à l'échec ou au manque de reconnaissance), soit s'effriter puis disparaître.

Les situations rencontrées par l'enfant puis l'adolescent impliquent d'autres personnes (parents, fratrie, famille, éducateurs…) et s'inscrivent dans un contexte socioculturel déterminé, qui va influencer ses croyances et ses comportements : « Je crois que ceci est bien car je suis récompensé, valorisé, intégré par les membres de ma communauté quand je le fais. À l'inverse, je crois que cela est mal car je suis sanctionné, dévalorisé, rejeté par eux quand je le fais. » En famille, avec les amis, en société, il y a ce qui se fait (ce qui est bien vu et est encouragé), et ce qui ne se fait pas (ce qui est mal vu et est découragé). Les préférences, valeurs et intolérances personnelles d'un individu ainsi que son éventuelle adhésion aux valeurs et aux règles sociales sont en partie conditionnées par les « récompenses » ou « punitions » que son cadre social va lui accorder au cours de sa vie.

Comment l'interpréter ?

Ce système permet de distinguer les comportements qui plaisent intrinsèquement à la personne (expression de motivations durables) de ceux qu'elle adopte pour le résultat ou la reconnaissance qu'elle peut en tirer (expression de motivations conditionnelles).

Il détermine les valeurs et les intolérances de chaque personne : ce qu'elle aime et ce qu'elle n'aime pas, ce qui l'attire et ce qui lui répugne. Ce système de valeurs est le reflet de l'apprentissage personnel mais aussi du milieu et de la culture dans lesquels chacun a grandi.

Le système de valeurs correspond, pour chaque personne, à la « juste » réalité. En d'autres termes, elle pense que, même si les choses ne sont pas conformes à son système de valeurs, c'est comme ça qu'elles devraient être. Or deux personnes issues de milieux sociaux, économiques, culturels ou religieux différents partagent rarement

La motivation

Selon les résultats de l'ESTIME publiés en 2012, la motivation inconditionnelle, spontanée et durable, s'apparente à la passion et transparaît notamment dans le choix des hobbies. Elle est la source des choix professionnels vécus comme de véritables « vocations ». 17 % des actifs disent « aimer leur métier "depuis toujours", sans forcément se l'expliquer ou dire pourquoi » et/ou « même s'il est difficile ou si les autres le dévalorisent » (moyenne des « tout à fait d'accord »).

Quant à la motivation conditionnelle, elle est évolutive et se renforce avec l'obtention de bons résultats et de reconnaissance mais s'effrite dans le cas contraire. 24 % des actifs sont « facilement démotivés » quand le management ne répond pas à leurs attentes ou que la crise passe par là.

Il existe encore d'autres natures de motivations notamment liées à l'hyper-investissement émotionnel, comme nous le verrons dans la section traitant du management façon « hyper » (voir p. 146).

le même système de valeurs. On trouve dans cette simple constatation la source de bien des conflits, guerres comprises…

Comment repérer l'expression de ce système ?

Tous les traits de personnalité imaginables peuvent se retrouver sous trois formes principales en fonction des motivations sous-jacentes. Prenons, pour l'exemple, une compétence telle que « l'esprit de dépassement de soi », et voyons ce qu'elle produit comme motivations.

Une motivation durable, car spontanée et inconditionnelle. Elle n'est pas sensible à l'image sociale. C'est ce que l'on fait par plaisir. Inlassablement.

> ➡ *Exemple : La motivation réside dans le plaisir de faire la chose, de reproduire le comportement, sans besoin de résultat, sans sensibilité à l'échec : « J'aime la compétition » (« la compétition » est une attirance intrinsèque, peu importe que la personne gagne ou perde, elle recommencera juste pour le plaisir de dépasser ses limites).*

Une motivation conditionnelle car acquise, sensible à l'image sociale (reconnaissance) et au succès ou à l'échec des actions entreprises. C'est ce que l'on fait soit parce qu'on a appris que c'était bien (c'est alors une *valeur*), soit parce qu'on ne supporte pas d'être confronté à quelque chose qu'on a appris à rejeter (c'est alors une *intolérance*).

> ➡ *Exemple : La motivation conditionnelle peut ainsi résider dans le plaisir (espéré) d'un résultat positif, comme : « Il faut se dépasser pour être le meilleur » (« se dépasser » est une valeur et est conditionné positivement : « c'est bien »).*

> ➡ *Exemple : La motivation conditionnelle peut également se traduire par l'aversion de quelque chose qui nous est devenu insupportable, comme : « Il faut que je me dépasse parce que je ne supporte pas la facilité » (« la facilité » est une valeur et est conditionnée négativement [c'est « mal »] avec parfois, en corollaire, « se dépasser », qui est conforme à la valeur de la société).*

Quelle perspective, dans le cadre du management toxique ?

Le système « motivations et vie sociale » est à la base de plusieurs types de management toxique :

- le management façon « antipathie », basé sur les intolérances : il y a chez vous quelque chose que votre manager ne supporte pas… ;

- le management façon « 4×4 », fondé sur le cocktail détonnant « motivation durable + valeur + intolérance » : votre manager reproduit inlassablement un comportement qui lui plaît (plaisir) et qui bénéficie en plus d'un renforcement par l'obtention de bons résultats (valeur) — ce qui n'est pas étonnant, puisque ça lui plaît — tout en ne supportant pas d'être confronté au comportement opposé (intolérance) ;

- le management façon « hyper », fondé sur un mécanisme de conditionnement particulièrement négatif, qui entraîne l'éclosion d'un comportement de compensation (nous y reviendrons dans la section traitant de ce sujet).

Ce système est accessible à la conscience. Cela signifie que votre manager connaît ou peut reconnaître ses traits de personnalité. Il sait partiellement ou totalement ce qu'il aime et a plus ou moins conscience de ce qui lui déplaît. Dès lors, le sujet peut être abordé, moyennant une communication adaptée.

Chacun croit en ses valeurs et en ses intolérances qui représentent, pour lui, *la* réalité. Pas forcément la vôtre, certes, mais à chacun son point de vue… Donc, les attaquer de front, en disant à quelqu'un que « sa » réalité est inexacte ou que ce qu'il pense est nul… rend la communication plus difficile. En revanche, regarder le monde avec les « lunettes » de quelqu'un d'autre, avec son système de valeurs, facilite l'échange.

À VOUS DE JOUER | *Selfcoaching étape 2-3 : Identifiez les sources de motivations positives et négatives*

À partir des situations que vous avez décrites (voir « Selfcoaching étape 1-1 »), retrouvez celles où vous ressentez la présence de ce système. Appuyez-vous sur les réponses que vous avez déjà fournies à la première étape de votre selfcoaching. L'idée, ici, consiste à voir, dans votre vie au travail, où apparaît cette notion de valeur, d'intolérance et de plaisir.

© Groupe Eyrolles

- Dans quels domaines mon manager ne se décourage-t-il jamais, quel que soit le résultat ?
- Dans quels domaines mon manager a-t-il besoin d'un bon résultat pour persévérer dans l'action ?
- Y a-t-il quelque chose que mon manager ne supporte pas ? si oui, quoi ?
- Quand les choses ne se déroulent pas comme mon manager le souhaite, a-t-il tendance à s'énerver, être anxieux ou être abattu (stress) ?

Adaptation et innovation

D'où ça vient et comment ça marche ?

Survivre seul et en groupe, s'intégrer dans la vie sociale, agir et s'épanouir en fonction de ses motivations personnelles, c'est déjà s'adapter à son environnement. Mais les trois premiers systèmes ne permettent pas de gérer habilement et sereinement la situation en cours, si cette dernière est inconnue, nouvelle, inattendue ou complexe. Heureusement, le cerveau humain dispose d'un quatrième système pour générer des réponses inédites réellement adaptées à cette nouveauté ou à cette complexité. Pour cela, il se base sur la recherche et le traitement d'autant d'informations complémentaires qu'il est nécessaire pour proposer une solution ajustée, nuancée, créative ou innovante. Le système « adaptation et innovation » a parfois des difficultés à faire entendre sa voix au milieu de la cacophonie des trois autres systèmes (qui ont tendance, dira-t-on pour simplifier, à vouloir garder le contrôle). Afin d'y parvenir, il peut détourner à son profit le système « Survie individuelle », en utilisant le stress comme un signal d'alarme, un porte-voix pour se faire entendre, ainsi que nous le verrons dans la section suivante.

L'adaptation et l'innovation dans un environnement complexe et incertain sont une mission attribuée au territoire cérébral phylogénétiquement le plus récent, qui ne se situe pas au cœur de notre conscience : le néocortex préfrontal. Immature à la naissance, ce territoire se développe progressivement et atteint sa pleine maturité vers vingt-cinq ans. Ce qui signifie que les trois autres systèmes gèrent l'essentiel de la vie de l'enfant et de l'adolescent. Ils constituent, de ce fait, ses repères habituels.

Parvenu à maturité, le néocortex préfrontal peut jouer, d'une certaine manière, un rôle de chef d'orchestre. En fonction de la situation ou de l'objectif à atteindre, il va faire appel à ses capacités de curiosité, d'ouverture, de logique pour analyser l'environnement. Il va aussi puiser les informations dont il a besoin dans l'ensemble des connaissances et expériences acquises en sollicitant les ressources des autres zones cérébrales, avec lesquelles il est en relation. Après ce complément d'enquête, qui intègre même les informations « dérangeantes », il sonde la complexité des choses et nuance, il relativise, prend du recul et de la hauteur, il réfléchit rationnellement aux causes profondes et conséquences à court, moyen ou long terme, il reconstitue une vision de la situation plus globale, tout en acceptant les zones sombres, la part d'incertitude, il formule une opinion, une solution, une décision personnelle et assume les risques pris au niveau opérationnel comme au niveau de l'image sociale (poids du regard des autres). Bref, le système « adaptation et innovation » principalement sous-tendu par le néocortex préfrontal est le seul à permettre l'adaptation, l'anticipation et l'innovation en situation complexe, incertaine, non maîtrisée. Il est aussi au cœur de la gestion fine des émotions et de l'empathie.

Comment l'interpréter ?

Ce système permet de créer de la nouveauté, de s'adapter de manière dynamique, sans se résigner, de trouver des solutions aux problèmes complexes, même personnels ou relationnels.

Ce système diffuse, lorsqu'on parvient à le mobiliser, un sentiment intense et bienfaisant de sérénité, connu depuis des millénaires par les moines bouddhistes.

Comment repérer l'expression de ce système ?

Ce système est très peu conscient et travaille de ce fait de manière silencieuse pour qui ne connaît pas son mode de fonctionnement. Quelques pistes, cependant, permettent de deviner son action. Il transparaît :

- quand une personne fait preuve de nuance, relativise ou s'adapte aux événements (et au changement) avec calme, voire avec bonne humeur ;
- quand une personne donne son opinion personnelle et s'individualise par rapport au milieu dans lequel elle évolue, comme si elle ne craignait pas d'endommager son « image sociale » ;

- dans l'innovation, les solutions dites « disruptives », qui « rompent » avec l'habitude, qui ouvrent de nouvelles perspectives ;

- quand, après réflexion, une idée nouvelle est lancée et que son émetteur accueille les critiques avec pondération.

Quelle perspective, dans le cadre du management toxique ?

Ce système « préfrontal » fait partie de l'antidote contre le management toxique. Il peut servir de base au management collaboratif ou à une sociocratie dynamique et ouverte.

Certes, il n'impose pas, comme les autres centres, son mode de fonctionnement, mais rien n'empêche de le mobiliser à volonté à travers des exercices à la portée de tous. Nous en ferons l'expérience dans la section suivante (p. 80), traitant du stress.

Il permet, surtout, d'aller vers davantage de sérénité.

À VOUS DE JOUER | *Selfcoaching étape 2-4 : Identifiez les moments de calme et de bien-être au travail*

À partir des situations que vous avez décrites (voir « Selfcoaching étape 1-1 »), retrouvez celles où vous ressentez la présence de ce système. Appuyez-vous sur les réponses que vous avez déjà fournies à la première étape de votre selfcoaching. L'idée, ici, consiste à voir, dans votre vie au travail, où apparaît une forme de sérénité, de bien-être, d'ouverture, même quand le contexte est difficile.

Par rapport à votre manager ou à votre organisation :
- Existe-t-il des moments de « grâce », durant lesquels vous ne ressentez aucune toxicité dans vos relations avec votre manager, durant lesquels vous êtes sur la même longueur d'ondes que lui ?
  - Si oui, lesquels ?
  - Existe-t-il des éléments spécifiques qui créent ce type de situation (attitude, événement, type de tâche, etc.) ?
- Vivez-vous des moments durant lesquels vous vous sentez particulièrement serein, comme s'il était évident que tout allait bien se dérouler ?
  - Si oui, dans quelles circonstances ?
  - Quelles sont vos tâches à ce moment précis, sur quoi travaillez-vous ?
  - Quelle est votre attitude, par rapport à vous-même, par rapport à votre manager ?

Quatre systèmes complémentaires parfois concurrents

Bien qu'ils assurent respectivement une ou plusieurs fonctions déterminées, différentes de celles des autres, chacun des quatre systèmes est susceptible de s'activer dans la plupart des situations que nous rencontrons. Comment savoir quel système va prendre la main ? C'est difficile à dire. Tout dépend de notre manière de percevoir la situation, des éléments que nous y décelons, de notre état d'esprit ou de notre état émotionnel du moment.

Imaginons que, dans le cadre de votre travail, vous deviez assister, à la première heure, votre supérieur hiérarchique durant une présentation face à un parterre choisi de clients importants. Quelques minutes avant le début de l'exposé, vous apprenez qu'il vient d'être victime d'un accident de la route. Juste de la tôle froissée, mais qui le retiendra pour une durée indéterminée. À vous de le remplacer au pied levé jusqu'à son arrivée, en espérant qu'il se montrera avant la fin de la présentation.

À votre avis, à quel système appartient chacune des réactions suivantes ?

1. Vous vous sentez vaguement menacé par cet auditoire. Certains comportements, comme un sourire en coin (que vous interprétez par : « On va lui faire la peau ») ou des bras qui se croisent sur des bustes qui reculent (que vous interprétez par : « Il en faut plus que toi pour me convaincre »), vous intimident. Vous avez l'impression d'être une proie facile...

2. Votre trac monte. Votre cœur s'accélère. Si vous vous écoutiez, vous prendriez volontiers vos jambes à votre cou. Vous êtes stressé.

3. Vous prenez la situation avec recul et trouvez, non sans humour, que la vie prend des chemins intéressants parfois ! Vous allez faire de votre mieux pour faire passer les principales idées que votre patron et vous-même avez retenues. Vous ne ressentez pas de pression particulière.

4. Vous ne supportez pas l'imprévu. Cela vous agace. Vous aimez maîtriser, anticiper, et là, vous êtes obligé d'improviser. Vous l'avez déjà fait correctement et avez été félicité par le public. N'empêche, ce type de situation n'a pas votre préférence.

Réponses : 1. système « survie collective » : apparition d'un rapport de force ; 2. système « survie individuelle » : apparition de stress ; 3. système « adaptation et innovation » : prise de recul et sérénité ; 4. système « motivations et vie sociale » : expression d'intolérance, de plaisir et de valeur.

En fait, ce n'est pas seulement une situation qui influence nos comportements, mais bien les systèmes qui prennent la main dans cette situation. Ce sont eux qui gouvernent nos réactions. Chaque système a son utilité et remplit des fonctions déterminées, dans un registre bien précis :

- face à un danger pour l'organisme, notre cerveau peut (mais pas toujours) utiliser le système « survie individuelle » pour obtenir une réaction immédiate de fuite, de lutte ou d'inhibition grâce aux mécanismes du stress ;

- dans un rapport de force, notre cerveau peut (mais pas systématiquement) employer le système « survie collective » pour déclencher le rituel de dominance ou de soumission correspondant au positionnement de l'individu dans la « hiérarchie primitive » ;

- dans une situation mettant en jeu le plaisir de l'individu, ou ses valeurs et intolérances, ou encore son image sociale, le cerveau aura tendance à solliciter le système « motivations et vie sociale », source de comportements de motivation personnelle ou d'évitement ;

- en situation d'incertitude, de changement, de complexité, le cerveau dispose des ressources de son territoire préfrontal pour recruter le système « adaptation et innovation », apte à gérer cette situation inédite et non maîtrisée.

Certaines personnes sont habituées à réagir sur un mode spécifique : on peut voir des rapports de force partout sans être paranoïaque ou avoir l'impression que nos valeurs sont bafouées par chaque personne que l'on croise. Bien entendu, vous ne pouvez pas choisir le système qui réagira chez les autres. En revanche, vous pouvez entraîner votre propre cerveau à mieux réagir. C'est fondamental dans votre stratégie de « détoxification » de votre management. Nous vous proposons une application pratique dans la section traitant du stress (p. 80)...

À VOUS DE JOUER | ### Selfcoaching étape 2-5 : Comment pourriez-vous réagir autrement ?

Prenez trois situations difficiles pour vous : une dans laquelle vous ressentez du stress, une dans laquelle vous ressentez un rapport de force, une dans laquelle vous ressentez un jugement de valeur. Appuyez-vous sur les réponses que vous avez déjà fournies à la première étape de votre selfcoaching. L'idée, ici, consiste à voir comment vous pourriez faire évoluer votre propre réaction.

- Lorsque vous ressentez du stress par rapport à votre manager ou à votre organisation, comment pourriez-vous réagir autrement qu'en étant stressé ?
- Lorsque vous ressentez un rapport de force émanant de votre manager, comment pourriez-vous réagir autrement qu'en répondant à ce rapport de force (soit en vous « écrasant », soit en ayant envie de l'encastrer, malgré les éventuelles sanctions) ?
- Lorsque vous ressentez un profond désaccord par rapport à votre manager, comment pourriez-vous réagir pour alléger ce sentiment de désaccord ?

Grille de lecture spécifique des systèmes organisationnels

Au travail comme dans sa vie privée, « l'homme n'est pas une machine. C'est un animal qui doit assurer sa propre survie » (Francesco Varela[1]). L'être humain, comme tout animal évolué, associe chaque situation vécue au plaisir ou au déplaisir qu'il ressent. Si un de ses actes est récompensé, il aura tendance à le reproduire. Si un de ses actes est puni, il aura tendance à ne pas le reproduire, voire à l'éviter. Ceci implique que tout est punition ou récompense. C'est tout bête mais, transposée dans le monde professionnel, cette simple réalité signifie que tout travailleur évitera de se retrouver dans des situations où il risque une punition, c'est-à-dire une remarque, une remontrance, un blâme, une rétrogradation, une mutation, un licenciement, etc. L'organisation du travail joue ici un rôle essentiel pour ne pas placer dans des situations impossibles, émotionnellement parlant, les individus chargés de le réaliser.

---

1. Varela F. (1998). « Le cerveau n'est pas un ordinateur », *La Recherche* 308, 109-112.

Soulignons que nous ne parlons ici ni de la motivation d'un travailleur, ni de l'organisation générale des process de travail au sein de l'entreprise. Nous parlons de la compatibilité avec la nature humaine de chaque tâche à accomplir quotidiennement par une personne. C'est donc la structure même d'un poste qui se révèle potentiellement épanouissante ou délétère pour l'individu.

> ➡ *Exemple : Le responsable d'un centre de stockage s'inquiète du vieillissement et de la vétusté de celui-ci. Une expertise récente rapporte qu'il ne répond plus aux normes de sécurité. En tant que chef d'établissement, il est responsable au pénal de la sécurité du personnel qui travaille dans les installations de l'entreprise. Il ne dispose pas du pouvoir de décider de la réalisation de travaux de modernisation. Il contacte les services financiers de l'entreprise, qui lui signifient que le coût de la mise en chantier est trop élevé. Il ne lui est pas permis non plus de décider de la fermeture du centre. Sa hiérarchie refuse cependant de fermer le centre de stockage, dont l'absence représenterait un manque important au niveau de l'organisation. La situation est sans issue, c'est démotivant. Il est contraint d'assumer le risque d'un accident ou d'un contrôle, ce qui fait grandir en lui un sentiment profond d'injustice. Stressé par cette situation, il s'enferme peu à peu dans une attitude conservatrice, refusant toute prise de risque supplémentaire. Ce faisant, il devient improductif, aux yeux de ses employeurs. Mais, à ses yeux à lui, il ne fait que se protéger de la punition qui, tôt ou tard, lui tombera dessus...*

Plusieurs conditions doivent être réunies afin qu'un homme, une femme, puisse s'épanouir dans ses fonctions. Chaque condition qui ne serait pas remplie se transforme en source potentielle de stress, puisqu'elle placerait l'individu dans une situation par définition impossible.

Les voici :

- les objectifs qui lui sont imposés doivent être matériellement et humainement réalisables en fonction du temps et des moyens qui lui sont impartis. Les objectifs irréalistes sont davantage sources de stress que de motivation. Pourquoi ? parce qu'ils sont IR-RÉ-A-LIS-TES. Et que l'homme est une créature intelligente, qui repère ce type d'incohérence... ;

- il doit y avoir une cohérence entre les responsabilités qui lui sont confiées et la capacité à pouvoir mettre en œuvre tous les moyens disponibles dans l'organisation pour les assumer pleinement (cas illustré dans notre exemple). Cela signifie que chaque individu, pour pouvoir effectuer les missions qui lui sont assignées, doit conserver le pouvoir de décision sur les actions à planifier, disposer des ressources humaines et matérielles adéquates ainsi que de procédures spécifiques pour élargir ses moyens en cas de besoin exceptionnel. Si seule la responsabilité lui échoit, et qu'il doit se référer à d'autres personnes ou dépendre de leur décision pour pouvoir agir, il est soumis à une situation stressante car deux signaux opposés lui sont envoyés en même temps :

  – être responsable = porter pleinement ;
  – ne pas avoir le pouvoir d'agir = ne pas porter pleinement ;
  – l'échec de la tâche est ressenti comme une injustice, donc comme une punition d'autant plus insupportable que la personne n'aura pas eu la possibilité de faire ce qu'elle estimait être judicieux au moment qui lui semblait le plus opportun ;

- la scission des tâches de production et de contrôle, qui doivent être réalisées par deux personnes distinctes. Un seul individu ne peut être responsable de la production selon certains critères ainsi que responsable du contrôle de la bonne mise en œuvre de ses critères (on ne peut être juge et partie). Être soumis à deux types de tâches incompatibles ou d'intérêts opposés est une situation impossible, car :

  – faire preuve de zèle dans ses tâches de contrôle met en évidence les insuffisances des tâches de production, ce qui incite l'individu à minimiser, voire à cacher une partie des dysfonctions observées ;
  – à l'inverse, faire preuve de zèle dans les tâches de production réduit significativement le contrôle ;
  – en outre, une parfaite honnêteté dans les deux types de tâches sera sanctionnée par un moindre résultat apparent ;
  – l'échec de la tâche est ressenti comme une punition d'autant plus insupportable qu'il n'existe aucune solution viable à cette situation.

  ➡ *Exemple : Dans une société de nettoyage, chaque chef d'équipe est responsable de l'organisation du travail des huit membres de son team afin de remplir les exigences de rentabilité de l'entreprise. Chaque plateau de bureaux doit être nettoyé en une heure chrono. Le chef d'équipe a également la responsabilité de la qualité du travail de son équipe. L'entreprise applique un protocole de nettoyage « tolérance 0 saleté ». Le chef d'équipe est dans une position inconfortable. Quand il applique le protocole à la lettre, il fait repasser un nettoyeur sur certains meubles nettoyés, et il dépasse le timing préconisé. Quand il ne le fait pas, certains clients se plaignent. Il a tendance à être laconique dans ses rapports et n'insiste ni sur le timing, ni sur la vérification de la qualité. Or ce sont les deux critères qui intéressent le plus ses supérieurs, qui demandent régulièrement des compléments d'information. Dans les rapports avec sa hiérarchie, le chef d'équipe est fréquemment sur la défensive et ses employeurs le trouvent de mauvaise foi...*

Aussi cet ensemble de mesures favorise-t-il le fonctionnement global et l'efficience de l'organisation. Il est donc nécessaire, si l'on cherche à entretenir le sentiment d'engagement dans son travail, à favoriser la motivation des personnes, et enfin à minimiser les situations de stress.

À VOUS DE JOUER | *Selfcoaching étape 2-6 : Vos responsabilités correspondent-elles à votre pouvoir réel d'action ?*

Chaque fonction, chaque travail comporte sa part de responsabilités. Faites le point sur les vôtres. Dans votre carnet, séparez une feuille en deux colonnes. Dans la colonne de gauche, dressez la liste des responsabilités que vous assumez dans votre travail. Dans la colonne de droite, indiquez si vous disposez des moyens nécessaires qui vous permettent d'assumer effectivement ces responsabilités. Cela comprend le pouvoir d'agir sans demander de permission à quiconque ainsi que les moyens matériels et les moyens humains (collaborateurs, par exemple) indispensables.

Si vous constatez un déséquilibre entre vos responsabilités et votre pouvoir d'action, il ne sera pas inutile d'apprendre à les rééquilibrer en lisant la section « Management "mission impossible" » du troisième chapitre de cet ouvrage. Mais le premier réflexe, c'est de demander, simplement, à votre hiérarchie le pouvoir d'action correspondant à vos responsabilités…

Le stress, dénominateur commun de toxicité

Nous l'avons vu, le stress est intimement lié aux risques psychosociaux. Plus que jamais, il appartient à chaque homme, à chaque femme, d'exploiter les informations que ce stress lui transmet pour en trouver la source ou limiter son impact sur l'organisme. Pour se recréer un horizon, un projet, des objectifs à plus long terme. Pour faire des choix plus avisés. Car le stress n'est pas une fatalité. C'est un signal d'alarme...

▦ Le stress : interne ou externe ?

« Mon manager me stresse » ; « Cette organisation du travail est aberrante, nous sommes tous stressés » ; « Quand je prends mon service, je sens le stress environnant. » Quand on pose la question de savoir ce qu'est le stress et quelle est sa fonction, la plupart des personnes répondent spontanément qu'il s'agit d'une réaction à quelque chose qui les stresse : une personne, une attitude, une situation ou un événement. Ils se sentent agressés, bousculés ou forcés d'agir par elle et relèvent fréquemment un vécu d'agression, d'incompréhension, de manque de reconnaissance, etc. Avant d'aller plus loin, nous vous proposons de répondre à cinq questions... Prenez le temps de faire le tour de ces questions avant de lire la suite de cet ouvrage.

À VOUS DE JOUER | *Selfcoaching étape 3-1 : Pour vous, qu'est-ce que le stress ?*

1. Dans une situation qui ne se passe pas bien, où vous vous sentez stressé, comment vivez-vous ce stress ? Que ressentez-vous ?

2. Quand vous êtes calme dans une situation qui ne se passe pas bien, comment vivez-vous ce calme ?

3. Dans une situation, vous êtes stressé alors que votre voisin — qui est également impliqué et a des compétences égales aux vôtres — est calme. Que pensez-vous de lui ? Comment vivez-vous le fait qu'il soit calme ?

4. Dans une situation, vous êtes calme alors que votre voisin — qui est également impliqué et a des compétences égales aux vôtres — est stressé. Que pensez-vous de lui ? Comment vivez-vous le fait qu'il soit stressé ?

5. Selon vous, qu'est-ce que le stress ? D'où vient-il ? Qu'est-ce qui le génère ?

Vous avez pris le temps de répondre ? parfait. Ces questions ne sont pas gratuites, et leur ordre n'est pas dû au hasard. Elles ont pour objectif de démontrer la nature du stress. Quelles que soient vos réponses spécifiques, vous devriez y retrouver les points de vue suivants :

1. Quand vous stressez, vos réactions ne sont pas nécessairement conformes à vos propres attentes. Le stress ressenti est un élément perturbateur qui trouble votre réaction. Il est bel et bien interne : c'est votre stress, pas celui d'un autre.

2. Dans certaines situations potentiellement graves, vous conservez votre sang-froid et exécutez les bons gestes au bon moment. Il n'y a donc pas de lien entre le stress et la gravité d'une situation. Ce qui nous stresse, c'est bien notre manière d'appréhender une situation (pas toujours grave).

3. Votre stress vous appartient, il correspond à votre manière d'aborder la situation. Si cette dernière requiert la réaction d'une des personnes présentes, vous avez tendance à céder la main et à faire confiance à une personne calme.

4. Vous ne feriez pas pleinement confiance à une personne stressée (lui confieriez-vous le volant ?). Le stress du voisin lui appartient et n'est ni contagieux ni « bon ».

En résumé, nous n'apprécions pas les événements de la même façon et stressons pour des raisons différentes, dans des conditions différentes, même quand notre survie individuelle n'est pas en jeu.

Stress, stresseur et stressabilité

Si le stress est interne, la survenue du stress est liée à la combinaison de deux facteurs, l'un externe, l'autre interne. En l'absence de l'un de ces deux éléments, vous ne stressez pas.

Le facteur externe, c'est l'agent stresseur. Il est inhérent à votre environnement. C'est ce qui provoque le stress et que l'on confond généralement avec le stress en tant que tel. Cela peut être une personne, une attitude, une situation, la culture et les valeurs de l'entreprise, le style managérial, le relationnel de votre manager ou l'ambiance de travail, etc. Et ce, sans parler des stresseurs physiques comme le bruit, la dangerosité (construction, sidérurgie), la manipulation de produits toxiques, etc. Sur les facteurs externes, vous n'avez pas toujours de prise.

Le facteur interne, c'est la « stressabilité », qui se définit comme la réceptivité individuelle aux stresseurs. Si vous êtes réceptif à une attitude (l'irresponsabilité, par exemple…), alors vous stresserez lorsque vous y serez confronté. Face à un manager qui ne se sent pas responsable des conséquences des consignes qu'il donne, vous risquez de vous emporter… En revanche, si l'irresponsabilité ne vous affecte pas, vous serez en mesure d'agir pour, par exemple, montrer à ce manager l'intérêt de changer d'attitude. Apprendre à réduire sa stressabilité sur les sujets qui nous posent problème permet d'augmenter significativement ses chances de régler ces problèmes de façon plus efficace et sereine… Ce livre devrait vous y aider.

Si l'on résume et simplifie à l'extrême, la survenue et le vécu de stress peuvent se comprendre comme le produit de ces deux facteurs :

Stress = Stresseurs × Stressabilité

À VOUS DE JOUER | ### Selfcoaching étape 3-2 : Identifiez les facteurs de stress

À partir des situations que vous avez décrites (voir « Selfcoaching étape 1-1 ») :

1. Dressez la liste des stresseurs, ou facteurs de stress, qui figurent dans votre environnement de travail.

2. Isolez ceux qui vous « parlent » plus que les autres, ceux qui vous énervent ou vous plombent suprêmement. Ceux sur lesquels vous êtes stressable. Ensuite, partez de cette base pour faire l'exercice suivant (étape 3-3).

Un signal de dysfonctionnement

Les travaux initiés à la fin des années 1980[1] tendent à démontrer que le stress est un signal d'alarme interne qui témoignerait de la mise en œuvre de stratégies inadaptées à la situation. Il peut être interprété comme une information indiquant que vous commettez une erreur de raisonnement, que vous faites fausse route, qu'il y a sans doute d'autres manières d'appréhender la situation et de la gérer.

Le stress est au mental ce que la douleur est au physique : un indicateur de dysfonctionnement.

Ce dysfonctionnement concerne l'état d'esprit avec lequel nous effectuons une stratégie : soit en mode automatique, soit en mode adaptatif.

Mode automatique

Dans une situation simple et connue (conforme à nos habitudes et nos représentations usuelles), nous utilisons un mode de fonctionnement mental qui requiert peu d'attention ou de concentration et puise dans nos compétences acquises, avec un sentiment de certitude et l'impression de maîtriser ce qui se passe. C'est notre mode automatique, qui prend en charge les actions habituelles ou routinières telles que marcher, conduire, suivre une check-list ou utiliser nos outils de travail habituels qui sont des activités le plus souvent machinales. D'où son surnom de « pilote automatique ».

Le mode automatique est, en effet, le spécialiste du simple et du connu. Il réagit rapidement et mobilise de nombreuses ressources du cerveau, dont celles des systèmes « survie collective » et « motivations et vie sociale », pour gérer les « affaires courantes », la plupart du temps de manière efficace et fiable.

---

1. Laborit H. (1986). *L'Inhibition de l'action*, Montréal, Masson ; Fradin J. et Fradin F. (1990). *La Thérapie neurocognitive et comportementale* (3ᵉ éd.), Paris, Publibook Université ; Fradin J., Maalberse M., Gaspar L., Lefrançois C. et Le Moullec F. (2008). *L'Intelligence du stress*, Paris, Eyrolles ; Lieberman M. (2003). « Reflective and reflexive judgement processes : A social neuroscience approach », in J. Forgas, K. Williams et W. Hippel (éd.), *Social Judgements : Implicit and Explicit Processes* (p. 44-67), New York, Cambridge University Press.

Mode adaptatif

Quand votre cerveau perçoit que vos compétences acquises ne suffisent pas et qu'il faut imaginer une solution nouvelle, le mode automatique n'est plus adapté. C'est le cas lorsque vous vous retrouvez face à un nouveau client, que vous êtes confronté au changement ou qu'on vous soumet un problème complexe à résoudre. Pour déployer vos facultés de réflexion et votre créativité, votre cerveau dispose d'un second mode de fonctionnement mental : le mode adaptatif, qui relève du système « adaptation et innovation » (voir *supra*, p. 54).

Spécialiste du changement et de la complexité, il fonde son action sur la curiosité pour l'inconnu, la prise de recul, les relations de cause à effet et l'opinion personnelle, dans un travail qui emmène la personne au-delà de ses représentations mentales habituelles, vers l'intuition et la créativité, l'anticipation et l'innovation.

Erreur d'aiguillage

Parfois en situation complexe, inconnue, non maîtrisée, le cerveau ne fait pas, comme il le devrait, la bascule du mode automatique vers le mode adaptatif. Il semblerait alors que le néocortex préfrontal détecte cette erreur et détourne à son profit le système « survie individuelle », en utilisant le stress comme porte-voix pour dénoncer l'erreur et nous amener à réagir différemment.

Autrement dit, si vous n'êtes pas dans une situation de danger pour votre survie, votre stress indique que vous commettez une erreur de raisonnement. C'est un signal d'alarme qui vous dit que vous devriez utiliser le mode adaptatif au lieu de faire confiance à votre pilote automatique ou, si vous préférez, que votre intelligence est en désaccord avec votre comportement.

L'enjeu de la gestion du stress consiste à basculer du mode automatique vers le mode adaptatif, ce qui réduit le stress (et peut même, avec un peu d'entraînement, l'éliminer totalement). Nous aurons l'occasion de faire cet exercice dans le deuxième chapitre de ce manuel.

À VOUS DE JOUER | *Selfcoaching étape 3-3 : Mieux réagir en situation de stress*

Prenez trois situations difficiles pour vous dans lesquelles vous ressentez du stress. Appuyez-vous sur les réponses que vous avez fournies au long de votre selfcoaching. L'idée, ici, consiste à voir, dans votre vie au travail, comment vous pourriez faire évoluer votre propre réaction pour ne plus être coincé par votre état de stress.

1. Lorsque vous ressentez du stress par rapport à l'organisation du travail au sein de votre entreprise, comment pourriez-vous réagir autrement qu'en étant stressé ? Que pourriez-vous mettre en place pour ne plus stresser à l'avenir ?

2. Lorsque vous ressentez du stress par rapport à un désaccord avec l'un de vos collègues, comment pourriez-vous réagir autrement qu'en étant stressé ? Que pourriez-vous mettre en place pour ne plus stresser à l'avenir ?

3. Lorsque vous ressentez du stress en repensant à l'une de vos interactions avec votre manager, comment pourriez-vous réagir autrement qu'en étant stressé ? Que pourriez-vous mettre en place pour ne plus stresser à l'avenir ?

CHAPITRE 2

ATTEIGNEZ VOS OBJECTIFS

S e mettre en projet pour changer sa situation actuelle et la faire évoluer vers une situation nouvelle, plus agréable à vivre, où l'on retrouve de la motivation, du plaisir à travailler. Définir un objectif précis et abordable, pareil à une cible, un phare dans la tempête. Se fixer une ligne de conduite pour l'atteindre, puis poser des jalons, des étapes pour s'en rapprocher et gagner progressivement du terrain sur la toxicité. Pour la limiter et réduire le pouvoir qu'elle a dans notre vie. Pour s'en affranchir. La seconde mission d'un coach consiste à vous assister dans cette démarche, en vous donnant l'assurance et la confiance nécessaires pour poursuivre même si ça n'avance pas aussi vite que vous le souhaiteriez, même si le parcours est semé d'embûches. Ne nous leurrons pas : des difficultés, vous en rencontrerez fatalement. Des difficultés internes, comme la crainte de quitter, pour une amélioration hypothétique, cette situation certes inconfortable, mais qui constitue votre quotidien avec tout ce qu'il a de connu, de rassurant, de maîtrisé. Comme celle de se décourager en chemin ou d'avoir le sentiment d'être seul à lutter. Comme celle de manquer de quelque chose pour atteindre votre objectif ou de ne pas avoir le droit de changer ce qui doit pourtant l'être. Des difficultés externes, comme la résistance au changement de votre management ou de vos collègues. Comme le fait que vos actions ne portent pas les fruits que vous espériez. Comme le manque de soutien de votre entourage. Entre autres... Ces difficultés existent et font partie intégrante du *deal* que vous allez conclure avec vous-même. Ne font-elles pas, tout simplement, partie de la vie ? Et la conviction que, oui, il est possible de s'en sortir et que, non, le management toxique qui vous pourrit l'existence n'est pas une obligation, n'est-elle pas le meilleur stimulant pour vous aider à surmonter ces embûches ? Un projet, par définition, est une projection, c'est-à-dire une idée de ce que l'on veut faire dans le futur et des moyens pour y parvenir. Ce n'est pas (encore) une réalité.

Vous êtes face à un choix. Soit vous décidez de ne pas bouger et vous acceptez de continuer à vivre un management toxique. Soit vous décidez de bouger et vous prenez le risque de changer. Ce choix est entièrement le vôtre. Il est plus difficile de bouger que de ne pas bouger. Mais votre projet, c'est d'abord et avant tout une formidable énergie que vous choisissez de consacrer au changement plutôt qu'aux moyens d'endurer la toxicité. Se battre pour soi, redevenir acteur et reprendre les rênes de sa vie pour ne plus subir, pour être reconnu, pour se préparer un avenir meilleur, n'est-ce pas là une juste manière de prendre soin de soi ? D'être fier de soi ? De s'estimer ? De se sentir libre ? Qui, selon vous, n'en aurait pas le droit ? C'est, en tout cas, le vôtre. Pour cela, partons d'un exemple, que nous déclinerons tout au long de ce deuxième chapitre.

L'exemple de Jean, épuisé par les remarques de son manager

Jean travaille pour une filiale régionale, dans un grand groupe qui donne les directives d'actions générales et les objectifs annuels, mais laisse une grande liberté aux dirigeants locaux. Jean occupe une fonction située juste en dessous de celle du directeur régional. Et il nous dit : « Je ne le supporte plus. Cette manière qu'il a de me regarder comme si j'étais frivole, incapable d'anticiper quoi que ce soit ! C'est vrai que je n'ai pas son expérience, mais j'ai le même niveau d'études que lui, bon sang ! Pour qui se prend-il ? C'est quoi, ces manières de me dire que "je n'avais qu'à prévoir" quand je lui dis que mon fils est malade ou que je crève un pneu sur la route ? Je ne suis pas infirmière, moi, ni garagiste ! Prévoir ! Anticiper ! Planifier ! Sécurité d'abord ! Il n'a que ces mots à la bouche. Toujours à venir fouiner dans mes dossiers pour me dire comment optimiser mon organisation pour faire mieux et moins cher. Moins cher ! Quel radin, ce mec ! Dès qu'il s'agit d'acheter un crayon, il faut lui demander la permission. Comme s'il était le seul à savoir gérer un budget ! Et moi qui dois avancer mes frais de formation et de déplacement en voiture personnelle, je ne sais pas gérer, peut-être ? Et encore, parce que mes frais entrent dans la catégorie "dépense indispensables" ! Ce n'est pas sur lui qu'on peut compter pour offrir à l'équipe la journée de *team building* qui lui ferait du bien. Avec son vieux costard aussi étriqué que lui, il me fait penser à mon ancien instituteur. Lui aussi regardait par-dessus notre épaule pour s'assurer qu'on travaillait bien. Lui aussi avait cette manie de donner des bons points et de faire des rapports défavorables. Lui aussi avait cette haleine désagréable qui vous donne envie de vous pincer le nez quand il vous sermonne sur votre manque de vision sur l'avenir ! Vision ? Mon œil ! Sa vision, c'est une petite pension dans sa maison *cosy* et les économies d'une vie dépensées chichement dans du matériel de bricolage. J'ai envie de vivre, moi, d'improviser, de profiter de ce que la vie m'apportera. Pas de me farcir les laïus de cet expert qui s'énerve dès qu'un imprévu déboule dans son super-planning-tout-nickel-à-la-minute-près ! On n'a jamais vu plus rigide ! Je pense qu'il ne m'aime pas, en fait. Quelque chose en moi lui déplaît. Ma joie de vivre, mes plaisanteries. Ou le fait que je m'entende avec tout le monde. Je ne sais pas. Mais il a raison sur un point : on ne s'aime pas… »

◼ Analyse

Jean est à bout. Il ne supporte plus son manager. Il est très réactif face à lui, à ses manies, à sa manière de faire. Tout en lui l'exaspère. Il y pense en dehors du travail et repasse en boucle les mêmes mots, les mêmes phrases, sans parvenir à s'arrêter. Il rumine, mais ne voit absolument pas ce qu'il pourrait faire pour s'en sortir : sa rumination accapare trop de son temps et de son énergie pour qu'il ait une vision claire de la situation. Pour l'instant, Jean est surtout réactif… Il a envie qu'on lui dise qu'il a raison, que son manager est un pinailleur, etc. C'est normal, parce qu'il est en colère, et cette colère, nous l'avons vu, provient du fait qu'il est en stress de lutte. Pourtant, il se rend bien compte qu'il ne peut compter que sur lui pour modifier cette situation. Que va-t-il mettre en place pour que cela change ?

Donnez-vous les moyens de faire bouger les choses

Projetez-vous dans l'avenir et imaginez votre vie professionnelle débarrassée du management toxique. Ce serait plutôt agréable, non ? C'est, en général, lorsqu'on se livre à ce type d'exercice de projection dans l'avenir que le doute peut s'installer. Cela commence par un temps d'arrêt durant lequel se fait entendre une sourde interrogation : « Qu'est-ce que je suis en train de faire ? Je rêve tout haut, là… » Cette question entraîne souvent une série d'arguments décourageants, comme : « Ça ne marchera jamais ! Seul contre tous, je n'ai aucune chance ! Si je fais des vagues, je vais me faire dégommer ! » Peut alors s'ensuivre un premier mouvement de recul, plutôt de type sécuritaire : « Je n'ai pas envie de perdre mon emploi. Comment ferais-je avec mes enfants ? J'aime mes collègues. Je connais bien cette entreprise, etc. » Il n'y a plus qu'un tout petit pas à franchir pour se dire : « Tout compte fait, je ne suis pas si mal, j'ai de quoi vivre ou faire vivre ma famille, d'autres n'ont pas cette chance. Je n'ai qu'à supporter un peu de management toxique. J'ai du caractère, "ils" ne m'auront pas comme ça. Je vais tenir encore. Peut-être finiront-ils par se lasser avant moi… »

Il n'est pas impossible que vous ayez déjà expérimenté ce genre de boucle. Peut-être même vous est-il déjà arrivé, par le passé, de renoncer à la première contrariété, voire avant d'entamer l'ombre d'une démarche concrète. Peut-être est-ce une source de regret ou de reproches envers vous-même. Car la situation n'a pas changé. Vous êtes juste plus fatigué, plus démotivé, plus à bout qu'à chacune des précédentes fois où vous vous êtes dit quelque chose comme : « J'en ai assez ! Ça ne peut plus durer ! C'est intolérable ! »…

▓ Force motrice

Dans les processus de changement, deux forces internes s'affrontent. La force motrice, qui vous pousse à changer. Et la force résistante, qui vous pousse à ne pas changer. Avancer dans un processus de changement demande de disposer d'une force motrice suffisante. Utilisez les sources disponibles.

La motivation du changement

Un projet décrit l'image d'une situation ou d'un état que l'on souhaite atteindre. Pour passer à l'action, il n'existe rien de plus énergisant que la vision que vous avez de ce projet. Si vous savez où vous allez, pourquoi vous y allez et comment vous y allez, votre envie d'atteindre cet objectif ne peut que décoller. Si l'objectif est suffisamment ambitieux, et il l'est dans votre cas, chaque succès renforcera automatiquement votre motivation... mais également chaque échec, car vous retiendrez chaque leçon de ce dernier et deviendrez de plus en plus adroit dans votre lutte.

À VOUS DE JOUER | ### *Selfcoaching étape 4-1 : Qu'est-ce qui vous motive à changer ?*

Dans votre carnet, choisissez une page vierge facilement consultable par la suite (la dernière, par exemple). Prenez le temps d'y inscrire ce qui vous motive à changer. Écrivez ce texte à la première personne du singulier (« Je... »).

En une vingtaine de lignes, expliquez à quel point vous souhaitez ce changement. Inscrivez-y ce que vous désirez profondément. Ce peut être ce que vous ne souhaitez plus vivre, et ce par quoi vous souhaitez remplacer les éventuels sentiments négatifs qu'il provoque en vous. C'est le texte fondateur de votre action. Un texte bienveillant, rédigé par quelqu'un qui vous aime, comme si votre meilleur ami vous écrivait. C'est votre contrat avec vous-même. Rien que pour vous.

Par la suite, relisez-le si vous traversez un moment de doute ou de découragement.

Pour revenir à notre exemple, voici le texte fondateur de notre ami Jean :

> « J'ai envie de changer cette situation qui me pompe un maximum d'énergie pour rien. Je désire retrouver le plaisir d'aller bosser. Je vaux mieux que ce que mon manager voit en moi, et je vais faire en sorte de le lui prouver. J'ai besoin de régler cette situation. Comme ça, je pourrai revenir à la maison l'esprit libre et en paix. Pour offrir le meilleur de moi-même à ma famille, pas l'image d'un mari ou d'un père perdu dans ses sombres pensées, à des années-lumière de ses préoccupations. J'ai envie que mes enfants me voient sourire et jouer avec eux. J'ai envie de me regarder dans le miroir, pas de fuir cette image d'un homme harassé. Cette

situation me pèse et m'éloigne de moi. Je veux me rapprocher
de qui je suis, retrouver mon énergie, être fier. J'en ai marre de
courber l'échine. Je veux que ça change. Je me le dois. »

La curiosité pour contrer l'automatisme

Contrairement à ce que prétend l'adage, la curiosité, loin d'être un vilain
défaut est un moteur puissant qui pousse à aller vers l'inconnu, à découvrir
de nouvelles expériences, de nouvelles sensations. Soyez curieux de vous,
de vos réactions et avide d'expériences nouvelles. Cette lutte contre le
management toxique, considérez que c'est l'occasion d'expérimenter quelque
chose de neuf. De vous redécouvrir sous un jour nouveau, qui risque de
vous plaire davantage. C'est possible, et c'est le meilleur moyen de court-
circuiter votre mode automatique.

Force de résistance

La lutte contre le management toxique demande de modifier son attitude
et son positionnement par rapport aux autres dans un milieu où l'on occupe
une position précise, connue de tous, tant en termes de rang hiérarchique
que de fonction opérationnelle. Elle demande aussi, et ce n'est pas anodin,
de quitter une situation connue pour aller vers une situation inconnue en
empruntant un chemin aléatoire durant lequel vous prenez le risque de
mettre en difficulté votre emploi, donc les rentrées financières de votre
ménage. Cela fait beaucoup... Il n'est pas étonnant qu'en interne, même
involontairement, vous résistiez à ce changement.

Le mode automatique

Nous l'avons vu, tout ce que vous avez vécu et appris est mémorisé :
croyances, émotions, habitudes et conditionnements. Tout ce que vous
vivez aujourd'hui, toutes les personnes que vous rencontrez, tous les
comportements et les attitudes auxquels vous êtes confrontés, sont
comparés à votre base de données interne. Et vous réagissez en fonction :
si l'on vous a appris qu'il faut se taire quand le chef parle, vous vous taisez
(même s'il profère une énormité, ce qui vous énerve ou vous agace, signe
de stress). Si vous avez expérimenté que c'est mal d'être ambitieux, vous
serez intolérant envers les ambitieux... Votre réaction vous semblera tout

à fait adéquate. Vous ne remettrez pas cette croyance en question. Donc, vous ne la changerez pas.

Cette première forme de résistance au changement est due à certaines caractéristiques du mode automatique :

- le sentiment d'évidence provient du fait qu'il est aux commandes 90 % du temps et qu'il régnait sans partage sur votre cerveau avant que ne se développe le système « adaptation et innovation ». Il définit donc votre état d'esprit le plus habituel ;

- le mode automatique, spécialiste du simple et du connu, se contente de reproduire ce qui a été expérimenté. De là, et de sa présence prépondérante dans notre quotidien, découle un sentiment de contrôle, de maîtrise. L'inconnu représente une insécurité. Difficile de lâcher prise, de se laisser aller... Le mode automatique souhaite retrouver ce sentiment de contrôle ;

- le mode automatique évite, dans la mesure du possible, de nous faire revivre des émotions négatives. L'inconnu est fréquemment associé à la peur. Même s'il est également associé au plaisir, la peur l'emporte et c'est normal, puisque la mission de notre cerveau consiste à assurer notre survie : la peur a un pouvoir de programmation plus intense que le plaisir. L'inconnu est donc une source potentielle de déplaisir ;

- enfin, le mode automatique, bien que relié à la mémoire du passé, gère le présent. Il réagit. À un stimulus, il apporte une réponse. Il vit dans l'immédiat et il est incapable de se projeter dans l'avenir, qu'il assimile à l'inconnu.

En résumé, le changement coûte cher en termes émotionnels. Il remet beaucoup de choses en question. Il ouvre une porte sur l'inconnu, l'insécurité, la perte de contrôle. Le mode automatique est rarement preneur... Il résiste. C'est lui que vous devez persuader du bien-fondé de votre envie de changement, en lui démontrant que l'inconnu comporte des avantages par rapport à la situation présente. Et en lui demandant s'il est vraiment sûr que vous y gagneriez à ne pas changer. Faisons l'exercice.

À VOUS DE JOUER | ### Selfcoaching étape 4-2 : Et si vous ne changiez rien ?

Prenons le contre-pied de votre démarche présente. Imaginez que vous décidiez de ne rien changer. De poursuivre sur votre lancée et de supporter le management toxique dont vous êtes la cible. Quels seraient les avantages et les inconvénients de suivre le point de vue de votre mode automatique ? Que se passerait-il à terme ?

1. Dans votre carnet, dessinez un tableau à trois colonnes libellées comme suit.

NON-CHANGEMENT		
Avantages	Inconvénients	Conséquences à long terme*

* 6 mois, 1 an ou davantage.

2. Remplissez d'abord les deux premières colonnes (avantages et inconvénients) en allant le plus loin possible dans votre réflexion, de manière à trouver, pour chaque colonne, au moins cinq éléments (dix éléments, c'est mieux).

3. Ensuite, à la lumière de vos réponses, remplissez la colonne 3.

4. Puis faites pareil avec le tableau suivant, dont seul le titre change.

CHANGEMENT		
Avantages	Inconvénients	Conséquences à long terme*

* 6 mois, 1 an ou davantage.

© Groupe Eyrolles

5. Comparez les deux tableaux. Qu'en retenez-vous ? Est-il plus sécurisant, à votre avis, de changer ou de ne pas changer ?

6. Dans un an, qu'en penserez-vous ? Serez-vous content d'avoir opté pour le *statu quo* ? Serez-vous content d'avoir changé ?

La zone de confort

C'est le point central de votre vie. Comme son nom l'indique, c'est la bulle dans laquelle vous vous sentez bien, en sécurité. Dans cette zone, vous n'avez pas peur d'agir. Vous y utilisez une palette assez limitée de comportements qui fournissent un niveau assez égal de prestation, donc de performance, sans prendre de risque. C'est un univers qui vous est familier mais dont les limites s'arrêtent là où commence l'inconnu. Inconsciemment, vous avez, comme chacun d'entre nous, placé des frontières mentales à ces endroits, créant de la sorte un sentiment de sécurité. La zone de confort génère de l'inertie, puisque vous avez tendance à ne pas dépasser ces frontières. C'est compréhensible car, pour les franchir, vous devriez expérimenter de nouveaux comportements et organiser des réponses inédites aux enjeux de votre environnement. Il n'y a rien de mal à demeurer dans cette *zone de confort* si votre vie actuelle vous plaît à 100 %. Mais, en l'occurrence, ce n'est pas le cas.

Cette zone de confort qui vous sécurise est-elle pourtant aussi confortable qu'on le prétend ? Les personnes qui ont pris l'habitude d'en sortir, de dépasser leur sentiment de sécurité, de se mettre en danger, sont capables d'accomplir ce qu'elles veulent. Elles savent, objectivement, que ce sentiment de sécurité est infondé et l'élargissent au fur et à mesure qu'elles élargissent leur zone de confort, en tentant de nouvelles choses. Pourquoi ne pourriez-vous pas vous inspirer de cette démarche ?

▩ Mesurez l'intensité de votre désir de changement

Rappelez-vous que, ce changement, vous le souhaitez *vraiment*. C'est d'ailleurs peut-être pour cette raison que vous lisez ce livre... ? Pour trouver de bonnes raisons de parvenir à l'initier et à tenir sur la longueur, cette fois-ci. À combien évaluez-vous votre besoin de changer ?

À VOUS DE JOUER | ## Selfcoaching étape 4-3 : Faites le point sur votre désir de changement

1. Repensez à vos journées au travail, à ce que vous endurez, à votre management, à l'énergie négative que vous ramenez à la maison. Dans la grille ci-dessous, cochez la case correspondant à votre désir de changer tout ceci (0 = pas envie de changer/10 = intense envie de changer).

0	1	2	3	4	5	6	7	8	9	10

2. Repensez à l'objectif du projet que vous venez de mettre en mots. Imaginez comment sera votre vie lorsque vous aurez réglé ce problème. Dans la grille ci-dessous, cochez la case correspondant à votre envie d'y arriver (0 = pas envie d'y arriver/10 = intense envie d'y arriver).

0	1	2	3	4	5	6	7	8	9	10

3. Pensez aux principales actions que vous devrez mener auprès de votre manager, auprès de vos collègues ou auprès de votre organisation pour atteindre votre objectif. Dans la grille ci-dessous, cochez la case correspondant à votre envie de réaliser ces actions (0 = pas envie de réaliser ces actions/10 = intense envie de réaliser ces actions).

0	1	2	3	4	5	6	7	8	9	10

Faites le bilan, après ces trois questions.

Objectivez votre situation

Le management toxique est émotionnellement dévastateur. Il n'est pas rare qu'on en rêve, qu'il devienne une obsession, qu'il prenne une place disproportionnée par rapport à celle que devraient normalement occuper les relations managé/manager. Dans le premier chapitre, nous vous avons posé de nombreuses questions pour mettre à jour un maximum d'éléments et commencer à prendre du recul. De cette récolte d'informations, on retiendra la prééminence du stress dans la majorité des cas de management toxique. Le stress renvoie à des émotions vives (colère, tristesse, peur), par définition subjectives, et vous empêche de vous en abstraire tout en donnant le signal qu'il est temps de changer de stratégie... La section suivante permet de faire la part des choses. De sortir du stress pour objectiver la situation, découvrir l'objectif de votre projet et poser les jalons pour y parvenir.

▨ Définissez votre objectif

À vous de mettre en place un projet qui fera bouger les choses. Comment faire ? En commençant, paradoxalement, par la fin, c'est-à-dire le résultat final de toute votre démarche. Ce faisant, vous positionnez votre cible, votre phare. Votre objectif. Il faudra certainement le peaufiner un peu, mais il constituera le point central de toutes vos actions à venir : chacune d'elles sera un petit pas qui vous amènera, lentement mais sûrement, à votre objectif.

À VOUS DE JOUER | *Selfcoaching étape 5-1 : Projetez-vous dans le futur*

C'est le moment de fermer les yeux et de rêver. De rêver à comment ce sera après. Prenez le temps de répondre, dans votre carnet, à ces questions. Soyez précis et repartez, si nécessaire, des situations que vous avez décrites au début de ce livre pour apporter des réponses spécifiques aux situations de management toxique chroniques (le quotidien) et aiguës (les faits marquants exceptionnels).

1. Prenez un instant pour tenir compte de ce sur quoi il vous est impossible d'agir, pour ne pas vous fixer un objectif inaccessible d'emblée.

2. Puis imaginez que le projet est terminé.
   - Qu'est-ce qui a changé ?
   - Quelle est votre relation avec votre manager ?
   - Comment vous sentez-vous ? Comment réagissez-vous ?
   - Comment se déroulent vos journées de travail ?

Pour revenir à notre exemple, voici les réponses de notre ami Jean :

- « Je serai moins focalisé sur mes relations avec mon manager. J'irai déjeuner avec lui plusieurs fois par semaine. »

- « J'arrêterai d'attendre qu'il se comporte comme je pense qu'un manager doit se comporter. Je prendrai l'initiative de la relation. »

- « Je réagirai avec plus de recul. »

- « Je serai plus motivé pour venir travailler. J'organiserai une journée de team building pour rendre l'ambiance plus conviviale. »

Changez d'état d'esprit pour réévaluer la situation

Comme Jean, il est possible que vous soyez à bout. Quelques indices peuvent vous aider à apprécier l'attitude, l'état d'esprit, le mode de pensée, dans lesquels vous vous trouvez :

- des commentaires internes tels que : « Mon manager est un c… » ; « Je suis comme je suis, on ne me changera pas » ; « Réfléchir ne sert qu'à perdre du temps » ; « Tous les managers sont comme ça, je n'ai qu'à le supporter » ou encore « J'ai toujours fait comme ça, et je n'ai jamais eu de problème auparavant » sont le signe que vous êtes en mode automatique… et que vous comptez y rester ;

- des commentaires internes tels que : « Au fait, quel est son problème, à ce manager ? » ; « Pourquoi est-ce que je me retrouve dans cette situation ? » ; « Il y a quelque chose qui m'échappe, je dois prendre le temps de la réflexion » ou encore « Comment vais-je m'en sortir ? » sont le signe que, même si vous êtes en mode automatique, vous vous apprêtez à basculer en mode adaptatif.

Même si vous comprenez bien le message que le stress vous envoie (« Attention, tu es en train de faire fausse route, change de point de vue »), votre état de stress induit soit une difficulté à orchestrer vos idées (la confusion de la fuite), soit l'envie d'avoir raison (la surévaluation de la lutte) ou une vision négative des choses (le pessimiste de l'inhibition). Difficile, alors, d'avoir une vision objective des situations qui provoquent du stress.

D'autant que vous vous trouvez, par définition, en mode automatique, ce qui signifie que vous vous accrochez à vos valeurs, à votre manière de voir les choses, et vous avez l'impression que vos pensées et vos sensations sont *la* réalité. Or elles ne représentent « que » votre point de vue subjectif sur la situation qui vous fait souffrir, c'est-à-dire *votre* réalité. Nuance. Loin de nous l'idée de vous en blâmer : c'est parfaitement humain. Mais c'est aussi un handicap car cela ne vous donne pas de nouvelles solutions pour limiter l'effet de ces situations sur vous ou votre organisme. Pour passer d'un état d'esprit (ou mode) « automatique » à un état d'esprit (ou mode) « adaptatif », il « suffit » de changer de point de vue.

Pour vous préparer au mieux à mettre au point une stratégie visant à vous débarrasser du management toxique dont vous êtes la cible, nous vous recommandons de faire les six exercices suivants pour les situations où vous ressentez le plus de stress, afin de réduire ce dernier et de favoriser l'objectivation de ces situations.

À VOUS DE JOUER | *Selfcoaching étape 5-2 : Réduisez votre stress pour changer votre expérience*

Choisissez un des stresseurs que vous avez identifiés dans l'exercice 3-2. En y repensant, ressentez-vous un peu de stress ? C'est normal. L'idée consiste à réduire ce stress pour aborder la situation selon un nouveau point de vue. Pour cela, faites les exercices qui suivent.

① Faites preuve de curiosité. L'activation du stress est induite par l'impression qu'a votre cerveau de se trouver devant une situation connue (et désagréable). Or, si vous stressez, c'est parce que la situation contient une part d'inconnu ou de complexité que vous n'avez pas appréhendée.

Cet exercice se résume à une question : *Que puis-je apprendre de cette situation de management toxique ?*

Repensez à cette situation, fermez les yeux et respirez. Faites comme si vous aviez une vision élargie, une ouïe plus fine, un 6e sens… Comme si vous étiez un spectateur curieux plutôt qu'un acteur stressé, notez cinq éléments auxquels vous ne pensez pas de prime abord mais qui font réellement partie de la situation. Au terme de cet exercice, qu'avez-vous perçu que vous ne perceviez pas auparavant ?

❷ Assouplissez votre perception. Votre stress indique que votre pilote automatique résiste à ce qui le dérange, à ce qui ne correspond pas à ce que vous voudriez. À ce qui vous semble insupportable, vous énerve, vous choque… Pourtant, ces choses existent. L'idée de ce petit exercice consiste à voir la réalité comme elle est et non comme on voudrait qu'elle soit. Ceci permet d'identifier ce sur quoi on peut s'appuyer plutôt que ce qui dérange. Il serait, par exemple, tentant de changer un manager particulièrement insupportable d'un coup de baguette magique. Il est, hélas, impossible de changer une autre personne… C'est la réalité, même si elle ne vous semble pas satisfaisante.

Cet exercice se résume à une question : *Sur quoi puis-je agir ?*

Partez de la situation que vous avez choisie. Faites la distinction entre ce que vous pouvez changer et ce que vous ne pouvez pas changer. Scindez une feuille de papier en deux colonnes et indiquez dans la colonne de gauche « Ce que je ne peux pas changer » et dans la colonne de droite « Ce que je peux changer ». Remplissez-les le mieux possible, en vous rappelant que, même s'il est légitime que vous réagissiez à certains stimuli (paroles, gestes, attitudes, etc.), d'autres (des collègues, des amis, de la famille) réagiraient peut-être différemment.

Au terme de cet exercice, sur quoi, à votre avis, vous est-il possible d'agir ?

❸ Nuancez votre vision des choses. Elles sont plus complexes et moins tranchées qu'il n'y paraît au premier abord. Le mode automatique est généralement binaire : « j'aime bien/je n'aime pas », « c'est bien/c'est nul », « il est super/c'est un imbécile »… L'idée de ce troisième exercice consiste à apprendre à nuancer votre perception de la situation. Il s'agit de dépasser les affirmations, en remplaçant le point d'exclamation (« c'est une peau de vache ! »/« quelle ambiance détestable ! ») par un point d'interrogation (« c'est une peau de vache ? »/« quelle ambiance détestable ? »).

Cet exercice se résume à une question : *Comment élargir mon point de vue ?*

Partez de la situation que vous avez choisie. Scindez une feuille de papier en deux colonnes et notez vos affirmations dans la colonne de gauche. Transformez-les en question dans la colonne de droite.

Mon chef est… (cruel, par exemple) !	« C'est quoi, être (cruel) ? »
Mon travail est… (inhumain, par exemple) !	« C'est quoi, un travail (inhumain) ? »
Je me sens… (nul, par exemple) !	« C'est quoi, être (nul) ? »

Au terme de cet exercice, parmi les points de vue tranchés que vous aviez, lesquels se sont assouplis et prennent moins d'importance ? Puisqu'ils ne figurent plus parmi vos premières pensées quand vous évoquez cette situation, quelles pensées les ont remplacés ?

❹ Prenez du recul. Dans une situation de management toxique, il est normal de se sentir la cible, voire la victime, d'une ou de plusieurs autres personnes. C'est votre réalité, qui se base sur votre système de valeurs, vos croyances, vos certitudes (il y a ce que l'on peut se permettre et ce que l'on ne peut pas se permettre dans ses relations avec les autres). Le mode adaptatif permet de prendre du recul et de la hauteur sur nombre d'entre elles, acceptant de relativiser sa propre vision des choses et de considérer d'autres points de vue possibles.

Cet exercice se résume à une question : *Que penserait quelqu'un d'autre de ma situation ?* Imaginez qu'une autre personne vive votre situation et que vous la débriefiez par la suite. Que vous en dirait-elle, si elle était :

- un expert en gestion des conflits ?
- un consultant externe en ressources humaines ?
- un grand compétiteur avant d'entrer en piste ?
- un logisticien envoyé en mission humanitaire après un tsunami ?
- une infirmière de nuit ?
- votre meilleur ami ?
- autre (selon votre inspiration)…

Enfin, demandez-vous ce que vous en penserez dans quelques semaines, quelques mois, quelques années…

Au terme de cet exercice, qu'est-ce qui vous semble moins grave, moins urgent, moins prioritaire ? Qu'est-ce qui forme, à votre avis, le cœur de la toxicité ?

❺ Recréez une vision globale. En mode automatique, nous avons tendance à rechercher la meilleure solution connue et à nous intéresser aux seuls résultats, sans réfléchir aux causes ni aux conséquences de nos décisions et actions. Notre vision est souvent parcellaire, sans profondeur ni perspective.

Cet exercice se résume à une question : *Comment mener une réflexion logique sur la situation et recomposer une vision plus rationnelle, objective et globale de la réalité ?*

Partez de cette situation inconfortable et qui vous stresse. *A priori*, vous lui trouvez de nombreux désavantages : notez-les tous. Puis trouvez-lui de cinq à dix avantages, même minimes, même farfelus, quitte à faire preuve d'humour noir. Notez-les également dans votre carnet.

Ensuite, pensez à la situation positive à laquelle vous aspirez. Posez-vous encore quelques minutes pour en chercher les nombreux avantages et, surtout, pour lui trouver une bonne demi-douzaine d'inconvénients. Notez-les tous. Ensuite, interrogez-vous sur ce qui relève, d'une part, de votre propre responsabilité et, d'autre part, de votre environnement (précisez si cela relève des autres, de l'organisation, de la crise économique, de la météo, du facteur chance ou malchance…). Notez le tout au fur et à mesure. Cet exercice fait appel à la réflexion et favorise une attitude sereine, assumant les risques et les bénéfices potentiels des situations positives comme négatives. Il permet en particulier de se décharger d'une pression inutile ou de regrets infondés car liés à ce qui ne dépend pas directement de nous.

Au terme de cet exercice, vérifiez si votre vision des choses s'est élargie, approfondie, globalisée, en repensant à votre situation négative et en observant votre niveau de stress. A-t-il diminué ?

⑥ Affranchissez-vous de votre image sociale. En mode automatique, vous avez naturellement tendance à être préoccupé par le regard des autres et par leurs jugements (image, rites, pouvoir, rivalités), à être réceptif aux vécus de fierté, honte, ridicule, culpabilité, prétention, etc., surtout face à un groupe. Au niveau professionnel, cela se traduit par une attention portée à ce que les autres pensent de vous et une difficulté à vous individualiser et à assumer une opinion ou décision personnelle.

Cet exercice consiste à se demander : *Que me permettrais-je de dire ou de faire si j'assumais (le poids de) mon image sociale ?*

Prenez le temps de répondre à ces questions :
- Si le regard des autres n'était pas un poids, s'il n'y avait aucun risque pour mon image sociale, que ferais-je que je ne fais pas aujourd'hui ?
- Que me coûte mon image ?
- L'image sociale, c'est quoi ?
- Qu'est-ce qu'une opinion personnelle ?

Au terme de cet exercice, pensez-vous que votre image vous empêcherait d'agir pour modifier votre situation de management toxique ? si oui, pourquoi ?

Au terme de ces six exercices, repensez à votre situation de départ, celle qui provoquait du stress. Normalement, vous ne devriez plus le ressentir ou, au moins, ne plus le ressentir avec autant d'intensité, ce qui laisse la place à autre chose : des éléments objectifs qui, si vous percevez qu'ils ne vous conviennent pas, ne sont plus aussi insupportables qu'auparavant. Vous pourrez alors identifier ce sur quoi vous pouvez agir et prendre les décisions utiles pour passer à l'action de manière efficiente, comme expliqué ci-après.

Si vous sentez qu'un des exercices vous convient particulièrement bien pour changer d'état d'esprit et quitter votre stress, faites-lui confiance. L'essentiel est que cela marche. Il n'est pas indispensable de refaire toute la série d'exercices à chaque fois.

Objectivez

Au terme de ces quelques exercices, reprenez votre situation et comparez votre état d'esprit avec celui de notre ami Jean, qui a pris un peu de recul sur sa situation.

1. Il a pris conscience que, même si son manager le rebute, il n'est pas uniquement radin, étriqué et peu convivial. C'est également quelqu'un qui connaît parfaitement son métier et qui demeure disponible pour toute question requérant de l'expertise (c'est l'effet de l'exercice 1). Il voit davantage de choses en son manager que celles qui l'insupportent.

2. Bien sûr, il aurait aimé que son chef change, mais il se rend compte qu'il n'est pas en son pouvoir de le transformer (c'est l'effet de l'exercice 2). Il doit l'accepter tel qu'il est.

3. Il a pris conscience que sa propre réactivité n'est pas une alliée et qu'elle le remet sans cesse dans des situations de stress. Au final, il n'est pas aussi sûr que son manager soit si radin ou austère que cela. Par rapport à ses propres critères, oui, mais dans l'absolu, c'est moins évident (c'est l'effet de l'exercice 3). Jean pense qu'il gagnerait à être plus ouvert, plus tolérant.

4. Il se rend compte que ses collègues n'ont pas nécessairement les mêmes points de vue, ni les mêmes soucis avec le manager, et que sa propre vision de la situation est relative, limitée (c'est l'effet de l'exercice 4). Selon le point de vue adopté, il existe différentes solutions, même s'il ne les connaît pas encore.

5. En outre, que son manager soit aussi pointilleux sur ses chiffres l'agace, mais il ne peut rien lui reprocher concernant la gestion financière de la filiale. L'administration de l'entreprise est parfaitement réglée, et cela lui facilite aussi la vie. Ce pointillisme a aussi des avantages (c'est l'effet de l'exercice 5). Jean est moins dérangé par ce trait de caractère qu'auparavant. Et cela ne vaut pas uniquement pour son patron.

6. Enfin, Jean pense qu'il a trop de respect pour son supérieur et qu'il attend de lui des choses qui ne viendront pas. Étant son subordonné, il trouvait cela normal, mais cette attente lui pèse et n'est pas productive (c'est l'effet de l'exercice 6).

Déterminez votre objectif

Voilà. Vous avez fait le point. Vous n'êtes plus prisonnier de vos émotions de stress. Vous avez pris du recul par rapport aux différents systèmes de fonctionnement, les vôtres et ceux de votre manager. Vous avez diagnostiqué le management toxique dont vous êtes la cible. Vous avez compris que vous n'êtes pas responsable de cette toxicité. Même si l'organisation, le management, ou votre manager, n'en a pas conscience, il en est pourtant à l'origine. Il n'empêche, c'est à vous de faire en sorte que cette situation change, parce qu'il n'y a aucune raison qu'il le fasse : soit il n'en est pas conscient (cas le plus fréquent), soit il l'est et cela l'arrange. Comme le dit très bien Jacques Salomé : « Je ne suis pas responsable de ce qui m'arrive mais je suis responsable de ce que j'en fais. »

À noter

Ce livre n'est pas consacré spécifiquement au stress. Pour en savoir plus sur vos modalités privilégiées de stress et la manière de les gérer qui vous correspond le mieux, nous vous renvoyons à un autre ouvrage écrit par le même auteur[1].

Précisez les modalités de votre objectif

Vous avez désormais une vision assez précise de ce que vous souhaitez vivre lorsque vous aurez quitté cette situation de management toxique. Mais cette vision est-elle transformable en actions concrètes ? La gestion de projet est une action temporaire avec un début (votre situation actuelle) et une fin (la situation rêvée), qui mobilise des ressources identifiées (vous, vos compétences, vos ressources personnelles [temps, moyens, énergie]). Dans la gestion de projet, on applique la méthode SMART pour s'assurer qu'un projet ne reste pas qu'un concept ou une (bonne) idée mais qu'il pourra se transformer en actions. *Un engagement flou n'a pas de pouvoir d'attraction suffisant.* Selon cette méthode, le projet défini doit répondre à cinq critères précis :

---

1. Collignon P. et Prata J.-L. (2012). *Votre profil face au stress. Comment les neurosciences font du stress votre allié*, Paris, Eyrolles. Ce livre d'auto-coaching propose de déterminer son profil face au stress *via* un questionnaire en ligne, puis d'apprendre à mieux le gérer grâce aux conseils et outils correspondant à son propre profil.

- Spécificité. Votre projet doit être spécifique à votre vécu, à vos aspirations et à vos ressources. Il ne doit pas dépendre d'éléments dont vous n'avez pas la maîtrise. Dans notre exemple, Jean espère attirer l'attention de son manager. Il n'a pas la maîtrise de cette attention. Il transforme donc sa phrase en : « Je parlerai à mon manager et lui proposerai une nouvelle manière de collaborer. »

- Mesurabilité. Votre projet doit être mesurable. Au final et à chacune de ses étapes, vous devrez être en mesure d'évaluer les progrès accomplis. Nous vous proposons, pour cela, une grille d'évaluation de chacune de vos actions (voir section « Mettez en place votre projet », p. 88).

- Atteignable. Ne vous fixez pas d'objectif inatteignable. Il n'y a rien de plus efficace qu'un but inaccessible pour se saper le moral. Préférez plusieurs objectifs atteignables, l'un après l'autre, plutôt qu'un gros objectif qui vous demandera d'emblée des ressources dont vous ne disposez peut-être pas. Faites les choses en douceur, sans ajouter de pression inutile. Dans notre exemple, Jean dit vouloir aller manger avec son manager plusieurs fois par semaine. En fait, c'est trop pour lui. Il corrige sa phrase en : « J'irai déjeuner avec lui une fois par mois. »

- Réalisme. Votre projet doit être réalisable et ne reposer que sur votre motivation et votre savoir-faire. Il doit pouvoir être réajusté si le contexte change. Dans notre exemple, Jean veut organiser une journée de team building. Il abandonne cette idée, qui ne dépend ni uniquement ni directement de lui.

- Timing. Votre projet doit être inscrit dans le temps, avec une date de fin et des points intermédiaires. Dans notre exemple, Jean se donne trois mois pour faire bouger les choses. C'est court mais, dans son cas, c'est jouable.

Faites l'exercice pour définir un projet SMART de lutte contre le management toxique dont vous êtes victime. Ne lisez les pages suivantes que lorsque vous l'aurez fait.

À VOUS DE JOUER | *Selfcoaching étape 6 : SMARTez votre objectif*

Affinez votre objectif pour qu'il corresponde aux critères SMART. Posez-vous les questions suivantes. Répondez-y et modifiez si nécessaire les réponses que vous avez apportées au point de selfcoaching précédent.

1. Mon objectif est-il spécifique à mon cas et repose-t-il exclusivement sur mes propres moyens ?
2. Puis-je mesurer les progrès accomplis pour l'atteindre ?
3. Est-il vraiment atteignable pour moi ?
4. Est-il réaliste ?
5. Pour quand doit-il être terminé ?

Mettez en place votre projet et agissez

Avoir un objectif. Connaître ses forces motrices. Contrer ses forces de résistance. Votre projet se construit sur une base solide. Reste à le traduire en actions concrètes qui poursuivent sur cette lancée, c'est-à-dire vous rapprochent de votre objectif, entretiennent vos forces motrices et ne se laissent pas démonter par vos forces résistantes. Dans cette section, il s'agira de mettre en place une série d'actions conduisant vers votre objectif tout en prenant soin d'éviter les risques inutiles. L'idée est simple : avancer pas à pas en se donnant les moyens de changer tout en se protégeant pour ne pas trop s'exposer, ni foncer droit dans le mur. Nous proposerons de partir de l'inventaire des ressources disponibles. De créer un cercle de personnes bienveillantes qui aideront à contrer vos forces de résistance. D'accomplir des actions qui vous débarrasseront d'éventuelles scories émotionnelles et vous aideront à offrir moins de prise personnelle à la toxicité. De préparer un plan B. Les conseils qui figurent dans les pages suivantes sont applicables quel que soit le type de management toxique que vous vivez. C'est pourquoi nous tracerons ici les lignes d'action générales à ajuster à votre situation particulière (voir le troisième chapitre de cet ouvrage).

Axes stratégiques et ressources disponibles

Axes stratégiques

Votre objectif peut être structuré en fonction des composantes sur lesquelles vous pouvez agir pour réduire l'impact de la toxicité. La première composante concerne sa source, à savoir votre manager – dont il s'agira de réduire la nocivité. La seconde concerne le récepteur de ces comportements, c'est-à-dire vous – qu'il faudra mieux protéger de cette nocivité. Ces composantes représentent deux axes stratégiques qui vous amènent au même objectif, mais en jouant sur deux tableaux. Ces axes stratégiques sont complémentaires. Comme ils ne sont pas séquentiels, vous pouvez travailler en parallèle sur chacun d'eux et commencer à planifier des actions visant à cadrer votre manager ainsi que des actions visant à vous renforcer.

Classez ces actions par ordre de priorité, c'est-à-dire en suivant une logique consistant à faciliter le chemin vers votre objectif. Par exemple, tant que vous êtes touché par le comportement de votre manager, il sera difficile d'agir pour le cadrer, puisque ces actions impliquent que vous vous confrontiez à lui directement (à travers des conversations, des échanges téléphoniques, des réunions, etc.) ou indirectement (à travers des e-mails, des lettres, etc.), et que ces confrontations risquent d'être difficiles à vivre pour vous. Donc, vous auriez probablement intérêt à commencer par renforcer votre capacité à ne plus vous laisser déstabiliser.

Vos axes stratégiques sont des tuteurs qui encadrent votre projet. Tant que vous accomplissez des actions qui vont dans leur sens, vous tenez votre cap et êtes bien dans votre projet. Si vous vous en écartez, vous devrez corriger le tir. Gardez-les bien en tête et posez-vous une seule question, avant chaque action : « Ce que je vais faire est-il bien en accord avec mes axes stratégiques ? »

Pour revenir à notre exemple, voici les axes stratégiques de notre ami Jean. Toutes les actions qu'il mettra en place iront dans le sens de ces trois phrases :

- Apprendre à ne pas être touché par mon manager.
- Lui démontrer notre complémentarité.
- Créer une relation de travail normale.

À VOUS DE JOUER | ## Selfcoaching étape 7-1 : Déterminez vos axes d'action

En partant de l'objectif que vous vous êtes fixé (voir « Selfcoaching étape 4-1 »), déterminez vos axes stratégiques d'action.

- Qu'est-ce qui doit nécessairement changer pour atteindre vos objectifs ?
- Quelles sont vos exigences ?
- Avez-vous toutes les cartes en main pour atteindre ces exigences ? Si non, trouvez des exigences un peu moins difficiles à mettre en œuvre, de manière à ce que votre projet ne dépende que de vous et des ressources dont vous disposez.

Ressources disponibles

A priori, vous êtes seul dans votre combat. Mais vous n'êtes pas pour autant dénué de ressources pour atteindre votre objectif. Par « ressources », nous entendons tous les moyens dont vous disposez directement et de manière individuelle pour agir.

Ce sont...

- vos compétences ;

- le matériel à votre disposition ;

- le temps disponible.

À cela s'ajoutent les moyens extérieurs sur lesquels vous devriez pouvoir compter sans pour autant avoir le contrôle sur eux ou leur proactivité s'il s'agit de personnes :

- le process de remontée d'informations dans l'organisation et les autres éléments structurels sur lesquels vous pouvez vous appuyer ;

- un réseau de personnes bienveillantes. Ce sont des gens qui vous connaissent et en qui vous avez confiance. Si ce sont des collègues, c'est encore mieux car ils connaissent bien votre environnement de travail et le management toxique qui vous préoccupe.

À VOUS DE JOUER | *Selfcoaching étape 7-2 : Faites le point des moyens dont vous disposez*

Dans votre carnet, dressez une liste des moyens dont vous disposez pour remplir votre objectif (selfcoaching étape 4-1). Prenez le temps de réfléchir pour l'étoffer… et laissez de la place pour les moyens que vous découvrirez au fil de vos actions.

Si nécessaire, aidez-vous des questions suivantes :

1. Quelles sont vos qualités pour remplir cette mission ?

2. Quels sont vos compétences et vos savoir-faire ?

3. De quel matériel utile dans votre démarche disposez-vous ? L'idée consiste à ne pas perdre la trace des actions que vous entreprenez.

4. De combien de temps disposez-vous ? En d'autres termes, combien de temps souhaitez-vous, *chaque semaine*, consacrer à votre projet ?

5. Sur quels process internes de votre organisation pourriez-vous vous appuyer (reporting obligatoire, charte éthique, boîte à suggestions, etc.) ?

6. Sur quels acteurs internes à votre organisation pourriez-vous vous appuyer : DRH, médiateur, syndicat, manager connu pour sa lutte contre le harcèlement, figure emblématique positive ?

7. Quelles personnes choisiriez-vous pour vous constituer un groupe de soutien ?

8. Votre groupe de soutien comprend-il des personnes qui peuvent :
   - vous donner de l'énergie ?
   - vous aider à préparer les actions utiles ?
   - faire avec vous, ou à votre place, certaines choses pour lesquelles vous éprouvez des difficultés (planifier, écrire, régler ou configurer du matériel…) ?
   - débriefer avec vous et analyser ces actions ?
   - vous soutenir dans les moments difficiles ?
   - relancer la machine quand elle cale ?

Votre plan de projet

Vos axes stratégiques sont clairs ? Vous avez une idée des moyens dont vous disposez ? Voici venu le temps de définir une manière de mener vos actions. Nous ne traiterons ici que des lignes de conduite, pas des actions en soi, puisque les points d'action spécifiques sont décrits dans chaque section du troisième chapitre de cet ouvrage.

Remarques préliminaires

Soyez irréprochables !

Toutes vos actions doivent être irréprochables. Comme on dit sur un ring de boxe : « Pas de coup en dessous de la ceinture ! » Vous serez toujours poli, courtois et correct. Vous travaillerez dans les limites des règlements ou de la loi. Vous communiquerez facilement sur vos actions, sur ce qui vous a poussé à les mener, en toute transparence. Vous serez aussi ouvert que possible. Vous serez même zélé. De cette manière, vous vous protégerez, car il sera difficile de vous reprocher une faute professionnelle quelconque.

Exprimez-vous !

« Tout ce qui ne s'exprime pas s'imprime. » Toutes les répliques que vous avez retenues, toutes les émotions dues au management toxique que vous n'avez pas fait transparaître, toutes les pensées parfois noires que vous avez pu avoir et que vous n'avez jamais exprimées sont gravées en vous. Pour les effacer, il n'y a qu'une solution : les faire sortir. Non pas les jeter au visage de votre management, c'est très improductif. Mais rien ne vous empêche de lui écrire une lettre que vous n'enverrez jamais, dans laquelle vous coucheriez le fond de votre pensée. Rien ne vous empêche, devant un ami ou un proche, de dire tout haut ce que vous diriez à votre manager si vous étiez parfaitement libre de votre parole...

La colonne vertébrale de votre projet

Pour l'instant, vous avez l'alpha, votre situation actuelle, et l'oméga, votre objectif, ainsi que la liste de vos axes stratégiques et de vos ressources. C'est le moment d'organiser tout cela pour mettre en place un plan de projet. Il s'agit de déterminer les points essentiels de votre projet, pour chaque axe stratégique, qui feront que le projet aboutira, puis à les placer sur une ligne du temps pour organiser votre action de manière logique et progressive.

Les étapes

Pour cela, identifiez les étapes essentielles, les points de passage obligés sans lesquels votre projet n'aboutira pas. Cela demande un petit effort d'imagination. Aidez-vous des ressources dont vous disposez. Pour commencer, demandez-vous ce qui vous conduirait au succès dans chaque partie de votre projet. Nous ne parlons pas encore d'actions précises (quoique, si vous en avez, gardez-les en mémoire pour le paragraphe suivant), mais bien de points forts, d'étapes qui mènent au succès.

Dans notre exemple, voici ce que Jean imagine :

* axe stratégique A : apprendre à ne pas être touché par mon manager. Étapes essentielles : passer plus de temps avec lui/apprendre à gérer mon stress/apprendre à l'apprécier, en particulier apprécier ce qui me dérange ;

* axe stratégique B : lui démontrer notre complémentarité. Étapes essentielles : bien comprendre nos complémentarités/lui faire comprendre que je comprends et trouve sa manière d'agir utile/lui faire comprendre que je ne suis pas comme lui/lui faire comprendre comment je fonctionne/insister sur le côté gagnant/gagnant ;

* axe stratégique C : créer une relation de travail normale. Étapes essentielles : passer du temps avec lui/apprendre à l'apprécier/faire plus souvent appel à lui.

L'enchaînement

Ensuite, pour chaque axe stratégique, réorganisez les étapes dans le temps. Regroupez celles qui vont ensemble. Distinguez celles qui sont séquentielles et celles qui peuvent avancer en parallèle, sachant que certaines étapes sont des actions permanentes (entourées de flèches ←→), en fonction des opportunités, et que d'autres sont plus ponctuelles (signalées par un « ! »).

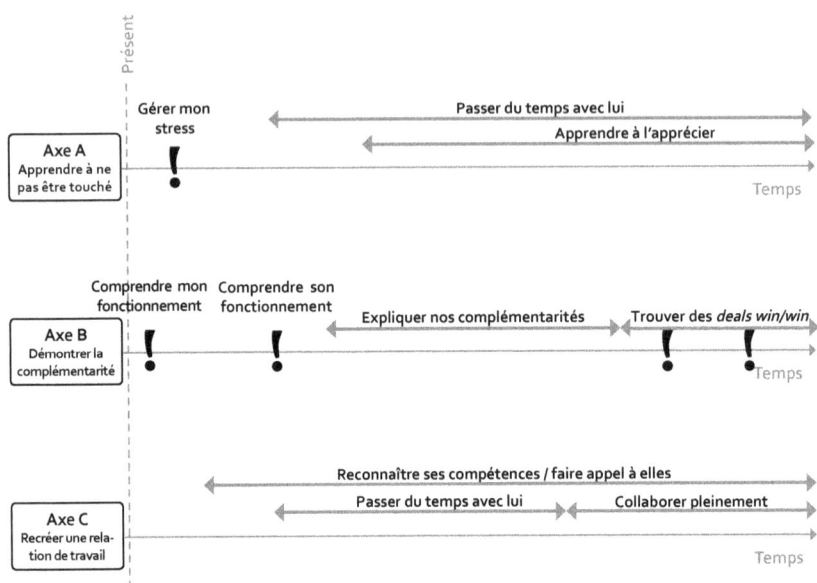

En résumé, Jean a deux priorités (marquées par un « ! ») : gérer son stress et bien comprendre et observer son manager. Il garde l'aspect gagnant/ gagnant pour la fin, lorsque la relation sera rétablie et que cela constituera, en quelque sorte, la cerise sur le gâteau. Toutes les autres actions sont permanentes : soit il attendra une opportunité, soit il préparera une action sur la base d'une idée qu'il a déjà ou qui viendra au fil du temps.

À VOUS DE JOUER | Selfcoaching étape 7-3 : Définissez les étapes de votre projet

Dans votre carnet, reproduisez l'exercice que nous avons fait ci-dessus.

1. Déterminez, pour chaque axe stratégique, les étapes importantes pour atteindre vos objectifs.

2. Ensuite, replacez-les sur une ligne du temps pour chaque axe stratégique.

3. Enfin, déterminez vos priorités d'action.

De l'idée au point d'action

D'une manière ou d'une autre, vous avez l'initiative. C'est à vous d'agir. Une action, c'est d'abord une idée qui germe, puis qui prend forme jusqu'à devenir réalisable. Dans le troisième chapitre de cet ouvrage, nous vous prodiguerons une grille de lecture plus fine de chaque type de toxicité ainsi que des grandes pistes d'action. Mais, comme nous l'avons déjà dit, nous ne sommes pas à votre place. Nous ne connaissons ni votre contexte de travail, ni les personnes que vous côtoyez. Ces pistes sont donc des principes génériques sur lesquels vous grefferez vos idées personnelles.

Partez d'une idée, puis passez-la au tamis de la grille de décision suivante. Si vous répondez « non » à l'une de ces questions, ajustez votre idée. Si c'est impossible, remettez-la à plus tard ou abandonnez-la au profit d'une idée plus efficace pour votre projet.

À VOUS DE JOUER | *Selfcoaching étape 7-4 : Affinez vos idées d'actions*

Dans votre carnet, recréez pour chaque idée le tableau suivant :

Votre idée est-elle VRAIMENT réalisable ?	Oui	Non
Votre idée est-elle cohérente avec vos axes stratégiques ?	Oui	Non
Votre idée participe-t-elle à la résolution du problème tout en ne vous exposant pas à des sanctions ?	Oui	Non
Votre idée vous pousse-t-elle à sortir de votre zone de confort sans vous exposer exagérément ?	Oui	Non
Votre idée est-elle potentiellement gratifiante ? Pourrez-vous être content ou fier si vous réussissez ?*	Oui	Non

* Toute victoire entretient votre motivation et renforce positivement vos comportements, au niveau du système « Motivations et vie sociale ». Ce n'est pas à négliger ! Plus vous réaliserez d'actions, même petites, qui produisent un résultat positif, plus vous serez récompensé, plus cela vous donnera envie de continuer.

© Groupe Eyrolles

Si vous avez répondu « oui » à toutes ces questions, votre idée peut passer du statut « idée » au statut « point d'action ».

Du point d'action à la réalisation

Puisque l'idée est devenue un point d'action, il s'agit désormais d'agir. Donc de planifier cette action.

▬ Développez votre point d'action

Cette idée que vous aviez, comment pourriez-vous la mettre en pratique ? Que comptez-vous faire, en réalité, pour qu'elle se concrétise, puisque c'est désormais un point d'action ?

Posez-vous les questions classiques : quoi (l'action) ? où (le lieu) ? quand (la date et la plage horaire) ? pourquoi (le prétexte officiel argumenté) ? comment (les ressources nécessaires, la manière d'opérer) ?

Dans l'exemple de Jean, il consultera l'agenda de son patron pour trouver une date où il est libre après le repas (et éviter qu'il ne soit stressé par le temps). Il proposera d'aller déjeuner dans un petit restaurant non loin du bureau, mais à l'écart de ses collègues. Si possible, la semaine prochaine, sinon la semaine suivante. Son prétexte sera : « Nous n'avons jamais déjeuné ensemble. Ce pourrait être une bonne idée de remédier à cette lacune, vous ne trouvez pas ? » Il lancera des sujets de conversation que son manager apprécie. C'est moins exposant pour lui, et il veut faire bonne impression.

À VOUS DE JOUER | *Selfcoaching étape 7-5 : Développez votre point d'action*

Développez votre point d'action en répondant à la série classique des questions :
- Quoi ?
- Où ?
- Quand ?
- Pourquoi ?
- Comment ?

© Groupe Eyrolles

Faites un test

Avant de passer à l'action, faites un test. Demandez à une personne-ressource de valider votre point d'action et ajustez-le, le cas échéant. Si vous projetez d'écrire une lettre, faites-vous relire. Si vous projetez d'utiliser un appareil moderne, essayez-le auparavant... Si vous prévoyez un face-à-face, entraînez-vous avec une personne-ressource. Si vous prévoyez une action, assurez-vous qu'elle fonctionnera en la testant dans la mesure du possible.

Réalisez le point d'action

Maintenant, « il n'y a plus qu'à » passer à l'action. Chaque action va initier, puis accentuer le processus de changement que vous souhaitez. Dès lors que la première action aura été réalisée, la situation ne sera plus totalement pareille. En cas de doute, n'oubliez jamais deux choses :

- cette action n'est pas le fruit du hasard : vous avez choisi de l'accomplir parce qu'elle vous rapproche de votre objectif ;

- vous avez limité les risques au maximum en choisissant de la réaliser d'une manière spécifique qui vous convient et que vous avez scénarisée et testée.

État d'esprit pendant l'action

Pendant que vous réaliserez votre action, conservez un état d'esprit curieux et distant. Ceci pour vous aider à court-circuiter vos réactions émotionnelles de stress ou vos comportements automatiques habituels lorsque vous serez confronté à votre manager en direct, au téléphone, par écrit... :

- faites comme si vous étiez un savant qui tente une expérience, un Professeur Tournesol qui essaie quelque chose de neuf, juste pour voir ce que ça donne, et est très attentif à tout phénomène qui apparaît ;

- prenez du recul, comme si vous étiez un spectateur dans une salle de cinéma, en train de regarder un acteur que vous ne connaissez pas et d'étudier son jeu.

Restez dans cette posture, cette attitude, cet état d'esprit. N'oubliez pas que c'est vous qui avez le leadership : de votre manager et de vous, vous êtes le seul à savoir ce qui se passe, au moment de votre action. Vous avez l'avantage. Dites-vous que vous êtes invincible. Si nous insistons autant sur ce point, c'est parce qu'il nous semble vraiment crucial.

Prévoyez les réactions

Dans la mesure du possible, avant d'entamer l'action, prévoyez les réactions possibles de votre manager. Préparez-vous à la suite pour ne pas être pris au dépourvu et pour limiter les réactions de stress. C'est toujours impressionnant, pour la personne qui vous fait face, d'être confronté à un interlocuteur calme, posé, stoïque, peu déstabilisé. Et c'est sécurisant pour vous, ce qui ne gâche rien.

Par exemple, si mon manager n'est pas clair, j'envoie un e-mail de clarification. S'il me met la pression quand je lui dis « non, c'est impossible », je lui réponds : « J'aimerais vraiment vous aider, mais j'ai des obligations familiales. Je dois m'en aller », puis je prends mes affaires et m'en vais, etc.

À VOUS DE JOUER | Selfcoaching étape 7-6 : Anticipez les réactions de votre manager

Essayez de prévoir les réactions possibles à votre action de votre manager.

Dessinez un tableau à deux colonnes.

1. Dans la colonne de gauche, indiquez les réactions possibles de votre manager. Référez-vous, si nécessaire, à ce que vous avez noté dans « Selfcoaching étapes 1-1 et 1-2 ».

2. Dans la colonne de droite, écrivez votre réaction à chacune de ces réactions.

Évaluez votre action

Au terme de votre action, faites le point seul ou, mieux, avec une personne-ressource à même de vous féliciter, de vous encourager, de vous relancer ou de vous soutenir, selon le cas. C'est une étape indispensable à plusieurs points :

- d'une part, quelle que soit l'issue de cette action, ce débriefing renforce votre motivation parce qu'il entérine l'action écoulée et prépare l'action suivante. L'action, en soi, est la première source de motivation ;

* d'autre part, parce qu'il y a souvent des points à améliorer, et qu'on les oublie si l'on ne prend pas le temps de les noter ;

* enfin, parce que toute action participe au changement et constitue de ce fait un point d'aiguillage. C'est l'occasion de se demander par quoi il serait le plus intéressant de continuer. Même si vous avez planifié une série d'actions, peut-être est-il utile de revoir votre copie pour enfoncer le clou, ou pour sauter l'étape prévue suivante, ou pour en imaginer d'autres.

Après toute action, dessinez le tableau suivant sur une page de votre carnet et remplissez-le.

J'ai testé	J'ai ressenti (réussi/raté)	Causes de la réussite/ l'échec	Points à améliorer	Par quoi poursuivre ?

▓ Les plans B

Dans la mesure de ce qu'il est possible de transmettre par écrit, ce livre tend à vous donner les moyens de définir puis d'atteindre vos objectifs, mais il a ses limites. Il ne tient pas compte de votre vécu et reste dans des considérations générales. Il n'est pas physiquement à vos côtés pour assurer votre progression. Et il n'a pas le pouvoir de vous garantir le succès de votre entreprise. Aussi n'est-il pas forcément très utile quand ce qu'il propose ne s'adapte pas aux difficultés que vous rencontrez. S'il est impossible de lister dans cet ouvrage tous les obstacles possibles à la bonne marche de votre projet, nous pouvons toutefois signaler les principaux d'entre eux et proposer des pistes pour y remédier. Nous pouvons également vous assurer que chaque pas que vous faites est important et source de changement, même si vous avez l'impression de pédaler dans la semoule.

Quand ça n'avance pas

Les raisons qui peuvent vous pousser à ne pas avancer dans votre projet sont multiples. Généralement, c'est dû à la prédominance de vos forces résistantes sur vos forces motrices. Ce peut être aussi, plus simplement, un souci de planification ou de capacité à prendre soin de soi, comme si l'on était toujours le dernier sur la liste de ses propres priorités...

- Ménagez-vous du temps : alléger le poids de cette situation toxique est un point important pour vous. Mais cela ne se fait pas tout seul. Vous devez mobiliser sur ce sujet une partie de votre attention, de votre temps, de votre énergie. Si vous n'y parvenez pas, pourquoi ne pas vous fixer des rendez-vous, dans votre agenda, et libérer des plages horaires à consacrer à ce projet, seul ou avec des personnes-ressources ?

- Recherchez les causes de votre inertie : demandez-vous ce qui vous a empêché de mettre en place et de réaliser une action. Veillez à ne pas tomber dans le piège des prétextes automatiques (dépendant du mode du même nom, donc) du type : « Je n'avais pas le temps. J'avais d'autres priorités... », etc. Bien que pertinents, ils dissimulent souvent les vraies raisons de l'inertie. Et si vous reformuliez la question ? Demandez-vous pourquoi vous n'avez pas pu réaliser votre action. Qu'est-ce qui vous a retenu ? Si nécessaire, faites le point avec une personne-ressource.

- Engagez-vous : dans un cas comme dans l'autre, une bonne manière d'avancer consiste à s'engager auprès d'un tiers. Une de vos personnes-ressources, par exemple. C'est une manière efficace de ne pas se laisser la possibilité de faire l'autruche, ou du surplace, ou machine arrière, ou demi-tour, ou toutes ces autres choses qui font que votre projet reste au point mort. Quand on enfume le terrier d'un lapin, on le force à en sortir, n'est-ce pas ? Alors, enfumez votre terrier ! C'est un service que vous pouvez aisément vous rendre.

- Programmez des rendez-vous réguliers : toutes les semaines ou tous les quinze jours est une bonne fréquence. Au-delà, le rythme n'est pas assez soutenu pour faire bouger les choses. À chaque rendez-vous, faites ensemble le point sur la période écoulée. Si vous avez agi, évaluez les actions (voir *supra* p. 97) et imaginez la suite. Sinon, demandez-vous pourquoi ça coince et corrigez le tir, par exemple en modulant la difficulté de votre action (facilitez-vous la vie, et ne vous en demandez pas trop en une fois).

- Planifiez les actions à suivre : indiquez les actions que vous souhaitez conclure avant le prochain rendez-vous. Cela vous motivera à les réaliser. Soyez précis et n'omettez rien...

Quand ça ne marche pas

Quoi que vous fassiez, restez très attentif à votre propre ressenti. Si vous sentez une montée continue de votre stress, arrêtez tout et faites marche arrière dans votre projet. Une fois de plus, votre stress indique que vous faites fausse route. Soit cet ouvrage ne s'applique pas à votre cas, soit vous avez fait une erreur de diagnostic, soit votre manager cumule plusieurs types de toxicité, soit quelque chose d'autre fait que ça ne marche pas. Renvoyez votre plan de projet de manière à vous extirper de la situation qui a fait monter votre stress et adressez-vous, si nécessaire, à un professionnel du coaching.

Les voies de recours

Vous pouvez vous adresser à un département interne (ressources humaines) ou à des professionnels du droit pour faire cesser cette situation. Dans un cas comme dans l'autre, on vous demandera des preuves, des éléments permettant d'attester de la toxicité dont vous êtes la victime.

Prenez l'habitude, dès que vous entamez votre démarche de lutte contre le management toxique, de conserver *des traces écrites de vos actions*. Toute trace est une pièce à ajouter à votre dossier. Un élément de preuve supplémentaire que vous êtes la victime de management toxique ou de harcèlement.

Quoi que vous fassiez, essayez de :

- garder des traces écrites de vos échanges. Même si votre management évite de se mouiller par écrit, faites des comptes rendus, du reporting, communiquez un maximum de choses par écrit. Au mieux, vous obtiendrez une réponse. Au pire, vous n'en recevrez pas… ce qui est également bon pour votre dossier : personne ne sera dupe si vous ne recevez jamais de réponse à vos messages… ;

- récupérer des enregistrements audio ou vidéo de comportements ou paroles toxiques ;

- rassembler des témoignages…

Pour rappel, en vertu de l'article L. 4121-1 du Code du travail, « l'employeur prend les mesures nécessaires pour assurer la sécurité et protéger la santé physique et mentale des travailleurs. Ces mesures comprennent :

- des actions de prévention des risques professionnels et de la pénibilité au travail ;
- des actions d'information et de formation ;
- la mise en place d'une organisation et de moyens adaptés.

L'employeur veille à l'adaptation de ces mesures pour tenir compte du changement des circonstances et tendre à l'amélioration des situations existantes ».

La voie du développement personnel

Vous êtes acteur de cette situation qu'involontairement vous alimentez peut-être, ne serait-ce qu'en l'endurant jusqu'ici. Pour des raisons qui vous sont propres, il n'est pas impossible que vous éprouviez des difficultés à agir, à oser changer l'ordre des choses...

Pourquoi ne pas faire appel à un coach ou à un psychologue ? Ces professionnels de l'humain vous donneront des outils complémentaires à cet ouvrage. Ils vous suivront régulièrement pendant quelques semaines, le temps de vous remotiver et surtout de vous approprier les outils les plus adéquats pour dépasser les difficultés que vous rencontrez. Si vous souhaitez poursuivre dans la voie de cet ouvrage et développer plus avant votre connaissance des différents systèmes ou de votre propre mode de fonctionnement, si vous souhaitez améliorer votre pratique des exercices et outils, contactez un psychologue ou un coach formé à l'approche neurocognitive et comportementale (*www.neurocognitivism.com*).

Managez votre manager

Manager votre manager peut sembler surprenant, mais c'est pourtant un axe stratégique majeur pour régler les problèmes que vous rencontrez. Que vous le vouliez ou non, qu'il le veuille ou non, votre manager est indissociablement lié au management toxique dont vous êtes la cible. Mais n'est-il pas lui-même la cible de process ou de comportements nocifs en provenance des étages hiérarchiques supérieurs, dont il n'est que le messager ? A-t-il conscience des conséquences sur ses collaborateurs de ses paroles ou de son comportement ? S'il était informé de la toxicité de ces systèmes et process, n'aurait-il pas envie de participer au changement ? Le vérifier ne coûte rien...

Management bilatéral

Votre manager est un être humain comme les autres, qui ressent des émotions, exprime des pensées, adopte des comportements conscients et des attitudes parfaitement inconscientes, même si elles sont perceptibles et peuvent sembler délibérées. C'est inscrit dans sa nature d'être humain. Le souci, c'est que le rôle de manager intègre une série de compétences socialement attendues qui ne sont pas inscrites naturellement en chacun d'entre nous... Quand le personnage n'est pas parfait pour le rôle, on augmente le risque de toxicité, pour les autres, mais également pour lui. À vous d'accepter les limites de votre manager. À vous de revoir vos représentations de ce que doit être, montrer ou faire un manager. Parce que, pour lui, ce n'est peut-être pas si évident...

Initiative relationnelle

Dans toute société, chacun a un rôle à tenir, qui découle de sa fonction, de son sexe, de son niveau d'études, de son milieu, etc. L'image sociale dévolue au manager est assez spécifique. Il représente une certaine forme d'autorité, dans la lignée des professeurs, des entraîneurs, des chefs d'équipe qui l'ont précédé. On attend inconsciemment de lui qu'il prenne l'initiative, qu'il donne le ton de la relation. Cela peut nous pousser à être attentiste, à nous impatienter devant un manque d'initiative dans la relation. Pourtant, rien ne vous empêche d'initier et d'alimenter la relation. Pourquoi serait-elle à sens unique ? Si vous voulez que votre situation change, il pourrait être profitable de prendre l'initiative de la relation. Vous serez peut-être mieux accueilli que vous ne le pensez.

Besoin de direction

Les collaborateurs attendent d'un manager qu'il dirige, c'est-à-dire qu'il soit capable de prendre des décisions, quitte à trancher ; qu'il les communique pour générer de la motivation ; qu'il répartisse le travail et gère les éventuels conflits. Mine de rien, cela représente un paquet de compétences. À moins qu'elles ne soient innées, il faut les apprendre. Or les managers n'ont peut-être pas appris le maniement des hommes comme ils ont appris celui des chiffres et des flux de fabrication. Aussi n'ont-ils pas toujours les outils nécessaires pour diriger une équipe, gérer des conflits, communiquer adéquatement... En outre, leur culture est régulièrement marquée du sceau de la compétition : du lycée à l'emploi, elle est intense pour atteindre un poste intéressant. Et qui dit compétition dit « seul contre tous ». Pas évident, dès lors, de travailler « avec et pour tous ».

La toxicité de votre manager ne provient-elle pas, tout simplement, de son manque de formation à la gestion humaine ? Vous avez peut-être une carte à jouer à lui expliquer comment vous le percevez, comment vous fonctionnez, comment vous pourriez mieux fonctionner ensemble. Pour cela, reconnaître ses mérites est une approche intéressante... parce que ça l'aide à s'ouvrir, puis à reconnaître les vôtres.

Besoin de protection

Les collaborateurs attendent d'un manager qu'il les protège et fasse office de tampon entre l'environnement extérieur de l'équipe, hiérarchie comprise, et sa vie intérieure. Ce n'est pas toujours facile pour un manager. Sa fonction de relais entre la vision du top management et l'aspect opérationnel le place, en temps de crise, entre le marteau et l'enclume. Porte-voix de la direction, il est chargé de mettre en œuvre des méthodes de management parfois impopulaires auxquelles il n'adhère pas toujours. Il traduit les objectifs parfois irréalistes qu'on lui assigne en objectifs parfois irréalistes qu'il vous assigne. La pression est aussi sur lui. Dans ces conditions, même s'il est responsable, bienveillant ou empathique, il ne lui est pas toujours possible de protéger ses collaborateurs. Et puis, qui le protège ? Condamné à subir la loi volatile du marché, il est, lui aussi, assis sur un siège éjectable...

Il y a ici une carte à jouer : en luttant contre le management toxique, vous apprenez à vous protéger. Mais vous pouvez également protéger votre manager en trouvant avec lui des *deals* gagnant/gagnant.

▓ Renouez le contact

Plutôt que combattre votre manager, n'auriez-vous pas intérêt à en faire votre allié ou, à tout le moins, à retrouver de la confiance mutuelle pour que tout le monde sorte gagnant de cette situation pénible ? Et si vous misiez sur la relation que vous entretenez avec lui pour atteindre votre objectif de changement ? S'il est de bonne foi, cela devrait être jouable, mais cela demande de redéfinir en partie les rôles de chacun...

Assurez la qualité des échanges

Une erreur fréquente et ô combien humaine consiste à prendre (mal) pour soi ce que l'autre exprime... même s'il n'avait pas pour but de vexer, de dénigrer ni, *a fortiori*, d'agresser. Dans la communication, chacun est garant de la qualité de l'échange, mais son pouvoir se limite à sa partie dudit échange. En d'autres termes : vous n'êtes responsable ni de ce que l'autre dit, ni de sa manière de prendre ce que vous lui dites. Votre domaine de compétence s'arrête aux messages que vous émettez et à votre manière de recevoir ce que l'on vous exprime.

Pour assurer la qualité des échanges, vous pouvez agir sur ces deux axes.

Dans la réception des messages de votre manager, évitez de vous stresser (voir chap. 1). Ou plutôt, dès que vous ressentez du stress, évitez de vous laisser submerger : vous savez désormais que ce stress est un

La métacommunication

Métacommuniquer consiste à faire un feed-back instantané de ce que vous avez compris, de ce vous ressentez.

Pour cela, prenez soin de :

- parler à la première personne de ce que vous ressentez ou comprenez : « Je ». Commencez vos phrases par : « Il me semble que » ; « De mon point de vue » ; « Je pense que ». Évitez de parler à la deuxième personne (« tu » ou « vous »). Vous éviterez l'effet boomerang du : « Vous n'avez pas pensé à ceci » qui revient en : « Comment ça ? Et vous... ». Et un éventuel effet d'escalade, que Jacques Salomé appelle la « relation klaxon » : tu – tu – tu – tu, où chacun reproche à l'autre sans plus l'écouter ;
- reformuler si ce n'était pas assez clair pour vous : « Si j'ai bien compris, vous me demandez de... » ;
- demander un complément d'information, si nécessaire : « À votre avis, comment puis-je faire pour... ».

signal d'alarme. Prenez-le comme tel : changez de stratégie. N'encaissez pas la conversation, exprimez-vous. Une méthode efficace consiste à « métacommuniquer ».

Dans l'émission des messages vers votre manager, évitez de le mettre en stress. Pour cela, prenez soin de :

- parler son langage et prendre son point de vue en compte ;

- être plus interrogatif qu'affirmatif en cas de souci. À une phrase comme « Ça ne marchera jamais », préférez « Avez-vous une idée pour que ça marche ? » ;

- préférer des questions ouvertes. Évitez les questions fermées, auxquelles on ne peut répondre que par « oui » ou par « non ».

Gérez une relation de confiance

Comme le proposent Katherine Crowley et Kathi Elster[1], cinq points clés sont susceptibles de modifier radicalement vos relations avec votre manager. Idéal pour « gagner en autonomie, se sentir moins victime et éprouver davantage de satisfaction au quotidien » :

- point 1 : exigez des concertations régulières (quotidiennes ou hebdomadaires). Prenez rendez-vous avec lui pour un entretien court, ciblé, structuré ;

- point 2 : présentez un ordre du jour détaillé et apportez toutes les informations utiles pour l'aider à décider ;

- point 3 : soyez à l'écoute de ses changements de priorité, pour vous focaliser sur les tâches primordiales pour lui et l'aider efficacement ;

- point 4 : anticipez les problèmes et trouvez des solutions que vous lui proposerez ;

- point 5 : soyez prêt à répondre de l'état de vos projets à tout moment.

Ce faisant, vous développerez chez lui l'image d'un collaborateur présent, à l'écoute, efficace. C'est essentiel pour (r)établir une relation de confiance. Cela ne vous empêche pas de poser des limites.

---

1. K. Crowley et K. Elster (2007). *Travailler avec toi, c'est l'enfer*, Paris, Pearson Éducation France.

© Groupe Eyrolles

Trouvez des *deals win-win*

Nous développerons ce paragraphe dans le troisième chapitre de cet ouvrage, mais le principe est le suivant : dans la mesure du possible, tenez un discours où chaque partie est gagnante : vous y gagnez en bien-être au travail, l'organisation qui vous emploie y gagne aussi. Plus motivé, plus efficace, moins accaparé par vos problèmes, moins stressé, vous avez davantage envie de rester dans l'organisation. Comme n'importe quel être humain, votre manager doit y trouver son intérêt. À vous de dépister des points vers lesquels vos intérêts et ceux de votre manager convergent.

Votre atout principal, c'est votre connaissance des systèmes et de la source du management toxique. Vous avez un avantage stratégique important sur votre manager, qui n'est pas nécessairement au courant des théories neuroscientifiques relatives au comportement humain. Ce sera encore plus évident pour vous dans le troisième chapitre de cet ouvrage.

En résumé, investir dans une relation avec votre manager peut aider à réduire la toxicité de son management. Vous serez alors en première ligne pour gérer la relation et la poser sur de meilleures bases, en poursuivant un objectif précis, mais invisible pour votre interlocuteur.

GÉRER LE MANAGEMENT TOXIQUE

Le management façon « mission impossible »

Management « mission impossible »		
TYPES DE MANAGERS	STRATÉGIE D'ACTION	ÉTAT D'ESPRIT DANS LA RELATION
Général Pas de catégories particulières. C'est l'organisation du travail qui est en cause : la répartition des tâches et leur cohérence intrinsèque. Le manager conserve le pouvoir décisionnel pour des tâches dont la responsabilité est confiée à un collaborateur.	**Général** Assurer la conjonction entre vos responsabilités et les pouvoirs d'action nécessaires pour les assumer. **Impératifs** ▪ Communiquer par écrit. ▪ Utiliser les circuits de communication officiels. ▪ Prendre l'habitude de communiquer quand tout va bien. **Stratégies** ▪ Communiquer sur la situation. ▪ Se dégager de la responsabilité. ▪ Puis, si possible, s'engager en récupérant le pouvoir d'action.	**Mission** Conserver à l'esprit que l'objectif, c'est de pouvoir bien faire son travail. **Théorie** Comprendre la logique du couplage entre pouvoir d'action et responsabilité. **En pratique** ▪ Rester factuel, neutre et concis. ▪ Rester positif et n'émettre ni plainte, ni contestation. ▪ Éviter les réactions émotionnelles.

Ce type de management peut être résumé par une petite anecdote. Un chef d'entreprise se prépare à partir pour deux semaines bien méritées de vacances en famille. Il délègue en son absence certaines fonctions opérationnelles à son équipe, dont celle d'assurer le suivi des jours de congé. Il indique à la collaboratrice à qui il confie cette tâche qu'elle a besoin de documents se trouvant dans son coffre-fort. Il lui montre comment l'ouvrir et prend congé. Puis part... en oubliant de lui confier la clé du coffre. Résultat : sa collaboratrice, nommée responsable de cette tâche, n'a pas le pouvoir d'action qui y correspond. Elle n'a pas effectué le suivi...

Bien sûr, cet exemple illustre une impossibilité matérielle de remplir une tâche. Mais il ne faut pas chercher bien loin pour en trouver de nombreux autres, moins évidents, mais tout aussi paralysants.

> ➡ *Exemple 1 : Un commercial est chargé d'atteindre des objectifs de vente. Cet objectif est lié à un plan de campagnes publicitaires dont le budget est confié à son manager. Après avoir discuté ensemble de chiffres réalistes mais ambitieux, ils conviennent des objectifs pour l'année et ciblent six campagnes promotionnelles sur un public bien défini. Le budget est alloué à cette fin. Deux semaines plus tard, le manager revient d'une réunion avec le top management où il a présenté le plan de campagne. Les budgets ont été revus à la baisse. Le nombre de campagnes passe à quatre et le manager choisit les deux qui passent à la trappe en réaffectant le budget. Les objectifs de vente, par contre, ne changent pas... Le commercial en a la responsabilité, mais il n'a pas le pouvoir de décision permettant d'atteindre ses objectifs.*

> ➡ *Exemple 2 : Un client insistant tente d'obtenir gratuitement un service auprès de vous. Vous gérez son dossier et devez veiller à la fois à sa satisfaction et au budget limité qui vous est alloué. Ce service payant vous étant facturé par un autre département, votre marge est étroite. Vous lui accordez une remise de 15 %. Il décline votre proposition. Quelques jours plus tard, votre manager demande à vous voir à propos de ce client. Il vous dit : « J'ai reçu un coup de fil de ce client. Il achète beaucoup chez nous, aussi lui ai-je dit qu'exceptionnellement, nous ne lui facturerons pas ce service. Pourrais-tu faire le nécessaire auprès*

*du département qui s'en charge ? Pour la facturation, arrange-toi
avec eux, on leur renverra l'ascenseur à l'occasion ». Ce manager
a engagé votre responsabilité bien plus loin que vous ne l'auriez
voulu, et vous n'avez pas la possibilité de refuser, étant mis
devant le fait accompli...*

Toxicité et conséquence

Dans chacune de ces situations, une personne est chargée de l'exécution
d'une tâche (atteindre des objectifs de vente ou gérer un client). Cette
personne est, *a priori*, compétente, faute de quoi on ne lui aurait pas
confié cette tâche. Elle sait donc de quoi elle parle et ce dont elle a besoin
pour pouvoir exécuter son travail. À ses yeux, comme aux yeux de son
management, elle est responsable de la bonne exécution de la tâche. Cette
responsabilité entraîne des sanctions en cas d'insuccès.

Dans chacune de ces situations, le manager conserve le *pouvoir décisionnel*[1]
pour des tâches dont la *responsabilité* est confiée à son collaborateur. Ce
faisant, il le prive d'une partie essentielle des moyens nécessaires à la bonne
exécution de ces tâches. Il ne prend pas pour autant la responsabilité des
conséquences de ces décisions, et c'est de ce déséquilibre que provient la
toxicité, puisqu'il ne risque aucune sanction en cas d'insuccès.

Si elle perdure ou se généralise, cette situation constitue un « stresseur »
pour la personne qui la vit. Il y a présence d'un risque psychosocial : risque
de stress et de souffrance au travail. En cause, une incohérence de type
« organisationnel » :

- être responsable = porter pleinement ;

- ne pas avoir le pouvoir = ne pas porter pleinement.

S'il y a échec, celui-ci est perçu comme une punition. Or la punition inévitable
est pathogène pour l'être humain. Généralement, les personnes coincées
dans ce type de schéma se démotivent. Elles ont tendance à ne plus agir,
puisque toute action est un foyer potentiel de punition : mieux vaut rester

---

1. Bien sûr, le manager conserve le pouvoir de décision. Mais pas le pouvoir d'action,
   qui suppose aussi que l'on prenne des décisions. La distribution des rôles peut
   être confuse.

immobile. Elles développent une attitude frileuse, résistent passivement au changement et peuvent même dégager de l'hostilité. Pour l'organisation, la conséquence directe est l'improductivité.

Grille de lecture

Origine de la toxicité

Dans ce type de dysfonctionnement opérationnel, c'est l'organisation du travail qui est directement en cause, à savoir la répartition des tâches et leur cohérence intrinsèque. L'organisation ne coordonne pas toujours de façon logique et équilibrée le pouvoir décisionnel et les responsabilités lors de la définition des fonctions et des missions. Bien qu'évidente, cette conjonction entre pouvoir et responsabilité reste, en pratique, sujette à de nombreuses incohérences qui réduisent la productivité du système et constituent un facteur de risque pour l'équilibre personnel des collaborateurs.

Certains managers peuvent également faciliter cette dissociation en conservant le pouvoir.

- En mode automatique, lâcher le pouvoir décisionnel est insécurisant d'un point de vue émotionnel. Plus une entreprise est en difficulté, moins les dirigeants délèguent le pouvoir. D'où une déresponsabilisation des personnels et une perte d'efficacité collective.

- En mode de management « despote », les managers peuvent avoir tendance à exercer le pouvoir de manière arbitraire en utilisant cette technique de dissociation, s'arrogeant les succès (des autres) et pénalisant les échecs (des autres) dus à leurs prises de décision.

Logique de fonctionnement

Il y a dysfonction potentielle lorsqu'il y a découplage entre responsabilité et pouvoir :

- toute fonction qui donne une responsabilité non associée au pouvoir de décider de moyens propres à éviter les conséquences négatives de cette action expose à des comportements de démotivation par punition ;

» toute fonction qui donne un pouvoir décisionnel non associé à la responsabilité (totale ou partielle) des conséquences directes et indirectes expose à des comportements irresponsables (par impunité).

Pour être fonctionnelle, toute tâche doit donc être définie en parfaite symétrie. Si quelqu'un a la responsabilité d'atteindre un objectif ou de remplir la machine à café, il doit avoir le pouvoir de décision et d'action qui lui permet d'atteindre cet objectif ou de remplir la machine à café.

▓ Mission

Votre mission consiste à assurer la conjonction entre vos responsabilités et les pouvoirs d'action nécessaires pour les assumer.

Si vous vous engagez et parvenez à récupérer les pouvoirs qui vont avec vos responsabilités, tout le monde est gagnant :

» vous avez les moyens de faire votre travail et de mener à bout les tâches qui vous incombent. Vraiment responsabilisé, vous êtes remotivé et recouvrez de l'autonomie ;

» votre manager se décharge de tâches qui n'appartiennent pas à son cœur de fonction. Il dispose d'un collaborateur motivé. Les synergies dans le service se renforcent. Son équipe gagne en productivité.

Sinon, vous pouvez toujours vous dégager des responsabilités, puisque vous n'avez pas le pouvoir d'action suffisant. Cette option, plus sécurisée, offre des possibilités de se réengager par la suite. Vous pouvez toujours commencer par là, ne serait-ce qu'une fois (« coup de semonce »).

Options stratégiques

État d'esprit : n'oubliez pas de prendre du recul, d'être curieux et de considérer que vous faites une expérience (voir p. 97).

Stratégie à court terme : communiquer sur cette situation (voir ci-après).

Stratégie à long terme : si vous avez une relation normale avec votre manager, tentez l'engagement après un « coup de semonce » de dégagement. Si vous avez des relations tendues avec lui, privilégiez le dégagement, car l'option d'engagement peut conduire à un rapport de force avec votre manager.

Dans les cas où la répartition des responsabilités et des pouvoirs d'action n'est pas clairement déterminée, considérez que vous avez les pouvoirs qui vont avec vos responsabilités et agissez en fonction. Si vous vous faites reprendre sur une tâche, appliquez les stratégies préconisées.

Impératifs stratégiques

Il est essentiel, dans ce cas, de communiquer par écrit avec votre manager. De cette manière, vous gardez une trace et il a la possibilité de réfléchir à la situation avant de vous répondre :

- restez factuel, neutre et concis. Ce que vous souhaitez, et cela doit transparaître dans vos écrits, c'est de pouvoir bien faire votre travail. Cantonnez-vous à une description de vos tâches et de ce qui manque pour les exécuter ;

- soyez positif et n'émettez ni plainte, ni contestation. Exécutez ce travail de remontée d'information sans état d'âme. Évitez les réactions émotionnelles : si vous êtes énervé, par exemple, attendez avant d'envoyer votre message. Laissez-le reposer jusqu'à ce que vous soyez calmé, puis corrigez-le en enlevant toute trace de votre énervement avant de l'envoyer ;

- utilisez les circuits de communication officiels de votre organisation (e-mails, rapports écrits, etc.).

Prenez l'habitude de communiquer en général. Quand tout va bien, prenez le rôle de secrétaire de réunion et diffusez le compte rendu de cette dernière à toutes les personnes concernées. De cette manière, vous vous positionnez dans le circuit de communication normal et évitez de vous faire remarquer comme étant celui ou celle qui n'écrit que quand il n'est pas d'accord avec la hiérarchie...

La stratégie de dégagement

Première voie de gestion de ce type de toxicité : vous dégager des responsabilités pour lesquelles vous n'avez pas le pouvoir de décision sur les moyens à mettre en œuvre offre l'avantage de vous couvrir si les choses se passaient mal. Cette stratégie aide votre manager à se rendre compte que, sans vous, la tâche ne s'exécute pas toute seule. Et, puisqu'il a pris ou conservé le pouvoir, vous lui indiquez que c'est à lui de réagir soit en endossant vos responsabilités, soit en vous déléguant réellement le pouvoir de décision et d'action nécessaire, soit en réorganisant le travail de l'équipe. Cette stratégie réduit le risque d'être un fusible. Il est recommandé de l'utiliser dès que l'on sent qu'on manque du pouvoir de décision, quand il n'y a pas encore de problème. Cela permet ensuite de traiter plus facilement les situations difficiles.

Comment faire ?

Faites remonter, uniquement aux personnes concernées, le fait que vous ne disposiez pas du pouvoir de décision ou des moyens nécessaires pour effectuer correctement votre travail.

1. Décrivez la situation par écrit (voir remarque ci-dessus).

2. Dans le message, demandez ce qu'il convient de faire. Ce faisant, vous vous déchargez de la responsabilité en question et la rendez à celui qui a le pouvoir de décision.

3. Si vous ne recevez pas de réponse, relancez-le en disant que vous êtes bloqué. Renvoyez régulièrement des rappels (toutes les semaines, par exemple) jusqu'à ce qu'une décision d'ajustement ou de correction soit prise.

4. En attendant la réponse, appliquez la consigne loyalement. L'échec éventuel prouvera l'inadéquation de la décision et ne pourra alors être imputé qu'à son auteur, puisque vous êtes couvert par vos messages.

5. Si aucune réponse ne vient, comportez-vous comme un subordonné et faites valider toute décision en posant la question de savoir si vous pouvez agir.

6. Si cela dure, lancez un ultimatum en disant que vous ne pouvez assumer la responsabilité qui est la vôtre et que, en l'absence de réponse de sa part, vous serez contraint de ne plus réaliser cette tâche.

Document type

Bonjour XX,

J'ai pris bonne note de votre décision de...

Cette décision me place dans une situation délicate, puisque je suis responsable de...

Pour effectuer cette tâche et remplir mes objectifs, j'ai besoin de...

À la lumière de votre décision, je ne vois pas comment parvenir à remplir cette mission.

Que me conseillez-vous de faire ?

Bien cordialement,

➡ ***Exemple 1** : « J'ai pris bonne note de votre décision d'annuler deux campagnes publicitaires, faute de budget. Cette décision me place dans une situation délicate, puisque je suis chargé d'atteindre un objectif de vente de X, et que j'ai besoin, pour y parvenir, des six campagnes promotionnelles prévues. Avec seulement quatre campagnes, je ne vois pas comment parvenir à atteindre mes objectifs. Que me conseillez-vous de faire ? »*

➡ ***Exemple 2** : « J'ai pris bonne note de votre décision d'offrir gratuitement ce service à notre client. Je suis convaincu qu'il est satisfait par votre proposition. Toutefois, comme vous me l'avez rappelé lors de notre conversation, ce service est facturé en interne à un autre département, ce qui me pose un souci. Je dois veiller au respect du budget, que cette facture interne va grever. J'ai donc une perte de XX euros sur mon compte d'exploitation et ne vois pas comment y remédier. Vous m'avez proposé de m'arranger avec ce département. Que me conseillez-vous de faire ? Quel ascenseur pouvons-nous leur renvoyer ? »*

◾ La stratégie d'engagement

Seconde voie de gestion de ce type de toxicité, demander les moyens pour atteindre le résultat dont vous êtes responsable. De cette manière, vous disposez à la fois du pouvoir d'action et de la responsabilité des tâches qui vous sont attribuées. La difficulté, pour votre manager, réside dans le fait qu'il doit déléguer et lâcher prise sur son besoin de contrôle (mode automatique). Il s'agit de lui faire comprendre que vous ne souhaitez pas décider à sa place, mais bien avoir la possibilité de faire correctement votre travail et que cela nécessite que vous puissiez mettre en place les moyens qui vous semblent adéquats pour y parvenir sans le déranger à chaque occasion. Vous devez revendiquer vos droits à un travail bien fait. Il peut arriver que ce pouvoir soit virtuellement le vôtre, mais que vous ne l'ayez jamais pris, auquel cas votre manager sera positivement étonné que vous le demandiez, et il vous l'accordera.

Comment faire ?

Demandez à la personne qui a le pouvoir décisionnel de vous céder le pouvoir d'action.

1. Analysez le problème par écrit (voir remarque ci-dessus).

2. Indiquez que vous vous sentez capable d'y faire face et de l'assumer.

3. Décrivez comment vous vous y prendriez.

4. Engagez-vous à le tenir au courant et demandez-lui son point de vue et/ou son accord.

Document type

Bonjour XX,

J'ai pris bonne note de votre décision de...

Or, pour remplir mes objectifs, j'ai besoin de...

Je pense que cette manière de fonctionner n'est pas optimale, parce qu'elle crée (décrire le problème).

Pour remplir mes objectifs, il serait utile que je puisse...

Je suis prêt à le faire, et je ne manquerai pas de vous demander votre approbation avant de mettre en place ce système. Je vous propose également de faire régulièrement le point sur ce sujet.

Bien cordialement,

Voir les exemples ci-dessus.

➡ *Exemple 1* : « *J'ai pris bonne note de votre décision d'annuler deux campagnes publicitaires, faute de budget. Cette décision me place dans une situation délicate, avec seulement quatre campagnes, je ne vois pas comment parvenir à atteindre mes objectifs. Je suis d'avis que nous devrions, alors, faire des campagnes moins coûteuses en changeant de support média, de manière à conserver notre objectif en tête. D'après mes estimations, nous devrions parvenir, de cette manière, à 85 % des objectifs fixés, alors que les quatre campagnes retenues actuellement n'atteindraient, selon les prévisions, que 70 % des objectifs. Je suis prêt à préparer un plan de projet en ce sens, avec des objectifs revus à la baisse de 15 %. Après votre accord, je propose que nous nous voyions régulièrement pour vous tenir au courant de l'avancée du projet* ».

➡ *Exemple 2* : « *J'ai pris bonne note de votre décision d'offrir gratuitement ce service à notre client. Cela me place dans une situation difficile par rapport au département X, qui nous facturera ce service, puisque cette action grèvera mon budget. Si nous souhaitons conserver l'équilibre budgétaire du service tout en satisfaisant le client, nous pouvons lui proposer ce service au prix coûtant, c'est-à-dire avec une réduction de 50 % en lui expliquant la situation. C'est la manière la plus claire de gérer la situation. Je puis, si vous le souhaitez, rappeler le client et pense être en mesure de lui faire accepter cette nouvelle offre. Sinon, nous pouvons mettre au point un deal d'échange de services avec le département X, mais cette procédure risque d'être longue et de ne pas nous aider pour ce client. Ici encore, je pense pouvoir y parvenir, mais cela me détournera en partie de mes fonctions. Quelle solution vous conviendrait le mieux ? Je suis à votre disposition pour en parler.* »

Perspectives

Gérer le management façon « mission impossible » n'est pas particulièrement complexe. À moins que ce type de toxicité ne se mêle à une autre, les résultats peuvent être rapidement observables sur des tâches spécifiques. Ils sont durables. Dès lors qu'une nouvelle manière de fonctionner est mise en place, et que cela rend le travail plus fluide, personne ne s'en plaint.

Il faudra juste veiller à suivre chaque dossier ouvert de manière à parvenir à une décision de changement. Si ce n'est pas le cas, cette manière de gérer les « missions impossibles » vous couvre largement grâce à toutes les traces écrites de votre analyse du problème et de vos demandes.

À VOUS
DE JOUER
Selfcoaching étape 8A : Ciblez les points d'action et définissez votre stratégie

Disposez-vous bien de tous les pouvoirs d'actions correspondant à vos responsabilités ?

Dessinez un tableau à deux colonnes.

1. Dans la colonne de gauche, émunérez vos responsabilités, tâche par tâche. Il n'est pas inutile d'aller dans le détail de vos fonctions.

2. Dans la colonne de droite, indiquez si vous disposez bien du pouvoir d'action. Si ce n'est pas le cas, indiquez le nom de la personne ou du groupe de personnes qui détient ce pouvoir d'action.

3. Préparez une stratégie de dégagement pour chaque tâche importante pour laquelle vous n'avez pas les responsabilités correspondantes.

4. Quand vous aurez obtenu des retours positifs ou que vous vous sentirez prêt, préparez une stratégie d'engagement pour chaque tâche importante pour vous.

Le management façon « antipathie »

Management « antipathie »		
TYPES DE MANAGERS	**STRATÉGIE D'ACTION**	**ÉTAT D'ESPRIT DANS LA RELATION**
Général Intolérant à quelque chose (comportement, attitude ?) qui se rapporte à vous. Génère des comportements de stress. **Catégories** Généralement stress de lutte (énervement, impatience, colère) ou de fuite (évitement, agitation).	**Général** Entretenir des relations normales avec le manager. **Impératifs** ▪ Prendre du recul. ▪ S'entraîner à repérer l'expression du stress. **Stratégies** ▪ Faire chuter le stress du manager. ▪ Repérer les intolérances du manager. ▪ Évacuer ses propres intolérances. ▪ Mettre en place une communication adaptée.	**Mission** Déjouer le piège du stress. **Théorie** Comprendre le fonctionnement du système « Survie individuelle ». **En pratique** ▪ Ne pas prendre personnellement les « agressions ». ▪ Rester ouvert d'esprit pour prévenir ses propres intolérances.

Les exemples de ce type de management sont légion dans la vie professionnelle quotidienne. En voici trois.

➡ *Exemple 1 : Vous êtes en train de présenter à votre management un dossier sur lequel vous travaillez depuis des semaines. Vous êtes fier et content de l'avoir bouclé. Ce n'était pas facile, vous vous êtes investi, vous n'avez pas ménagé vos efforts. Vous prenez la parole et commencez à expliquer le contexte dans lequel ce dossier s'inscrit, l'utilité qu'il a, l'expertise qu'il contient, les projections que vous avez faites... Si vous vous écoutiez, vous en diriez plus encore, mais vous prenez garde à ne pas déborder sur votre temps de parole. À la moitié de votre exposé, votre manager vous coupe abruptement en disant quelque chose comme : « Venez-en aux faits, on ne va pas y passer la nuit ! » Vous rougissez et ne savez plus où vous en êtes. Vous bredouillez :*

« J'allais y venir. Donc, concrètement... », puis vous reprenez vaille que vaille le fil de votre exposé, tout en passant sous silence tout ce qui pourrait être pris comme une perte de temps de sa part. Le moins que l'on puisse dire, c'est que vous n'appréciez pas son manque de fair-play...

➡ **Exemple 2** : *« Je ne sais pas ce qu'il a, mon manager, mais il a un problème avec moi. Ça ne m'est jamais arrivé ! Moi, je suis plutôt cool, nature, relax. Je suis quelqu'un de positif : dans la vie, tout s'arrange. Quand il y a un problème, il suffit de trouver une solution, non ? Mon boss, qu'est-ce qu'il peut se prendre la tête à imaginer des scénarios catastrophe qui n'arrivent jamais ! Ça lui tape sur le système, forcément, alors il évacue sur moi : "Quand réfléchiras-tu aux conséquences de tes actes ?" me bassine-t-il deux fois par jour. "Grandis", "Prends tes responsabilités", "An-ti-ci-pe". Il me gonfle. J'en peux plus, de ce mec ! Impossible de parler avec lui ! On dirait mon père. Je ne viens pas bosser pour retrouver mon père. »*

➡ **Exemple 3** : *« Je sens bien que je suis dans le collimateur de mon manager. Je ne sais pas pourquoi, mais il a tendance à m'éviter et, quand il n'a plus le choix, à s'énerver rapidement contre moi. Très désagréable. Il ne se rend pas compte à quel point ça fait mal ! Moi, je suis quelqu'un d'assez posé. Je réfléchis aux conséquences de mes actes. Je trouve cela fondamental, parce que cela permet d'anticiper les problèmes, donc de les éviter. Je crois que c'est pour ça que mon manager ne m'aime pas. C'est quelqu'un de très positif, pourtant, charmant avec tout le reste de l'équipe. Il pense toujours que tout ira bien, que les gens s'entendront, que nos produits fonctionneront, que le marché se calmera... Sa phrase fétiche, c'est : "Il n'y a pas de problème, seulement des solutions." Mais en fait, il n'anticipe RIEN ! Il est d'un aveuglement incroyable ! C'est énervant, vous ne trouvez pas ? En plus, il ne m'aime pas, alors ça ne vaut pas la peine d'aller lui dire ce que j'en pense. Je dois avouer qu'à force de me faire rembarrer, j'en suis arrivé à l'éviter aussi. »*

◾ Toxicité et conséquence

Dans chacune des situations proposées, le collaborateur agit normalement, selon sa personnalité, ses valeurs, ses centres d'intérêt. Son manager le reprend parce qu'il est confronté à ses propres intolérances. Il aborde la situation avec sa grille de valeurs habituelles, réagissant à ce qu'il a appris à détester et se concrétise à travers le collaborateur, dont l'image ou les actes sont incompatibles avec sa manière de voir les choses : il manque de concret (exemple 1), n'anticipe pas assez (exemple 2) ou anticipe trop (exemple 3)... Ce type de heurt est systématique dans leur relation et apparaît à chaque confrontation, vécue par le collaborateur comme une injustice ou une punition. Or la punition inévitable est pathogène pour l'être humain. Le collaborateur cherche à échapper à cette situation pour assurer sa propre survie. Il tente d'éviter la confrontation suivante. Rien ne se règle. La rancune s'accumule...

L'expression d'une intolérance s'accompagne généralement de comportements de stress de la part du manager, généralement en lutte (énervement, impatience, colère) ou en fuite (évitement, agitation). Or l'émission de stress entraîne une réponse de stress, dans une escalade qui ne s'arrête que lorsque se résout la situation qui a généré le stress initial.

Généralement, les personnes prisonnières de ce type de schéma sont exposées à un stress chronique. Si leur stress est en inhibition (abattement), elles ont tendance à déprimer, ce qui limite leur capacité à collaborer. Si leur stress est en lutte (colère), elles ont tendance à résister, à devenir hostiles et non coopératives. Si leur stress est en fuite, elles ont tendance à éviter les confrontations ou à réduire leur durée au maximun. Dans tous les cas, leur motivation à travailler s'amoindrit et leur énergie est détournée à d'autres fins, dont celle d'exprimer ou de gérer leur stress. C'est une source de risques psychosociaux.

◾ Grille de lecture

Origine de la toxicité

Cette forme de toxicité est d'origine humaine et individuelle. Elle est due au fait que votre manager est gouverné par son système « motivations et vie sociale ». Nous vous invitons à relire le passage présentant ce système (voir p. 49). Les intolérances liées à ce système participent au fonctionnement du mode automatique (voir p. 66).

Le système valeurs/intolérances est une grille de lecture personnelle des situations que l'on rencontre, les intolérances résultant de ce qu'on a appris à éviter, à rejeter ou à détester parce qu'associé au déplaisir, voire à la punition. Cette association n'est pas « rationnelle », mais plutôt « émotionnelle » : chacun adhère à ses croyances. Chaque événement vécu est comparé à ce que l'on a « en magasin », à savoir la somme des expériences passées. On réagit comme on a appris à le faire. Comme on l'a toujours fait. Il est rarissime qu'une personne adopte un comportement qu'elle estime intolérable. Si elle le fait, c'est qu'elle n'a pas le choix. D'ailleurs, vous remarquerez que votre manager évite soigneusement d'adopter le comportement qu'il réprouve.

Pour votre manager comme pour tout être humain, ses intolérances sont une partie de *la* réalité. Comme telles, elles devraient donc être universelles (comme la réalité). Si une personne exprime une autre opinion ou remet en cause un point de vue, même de manière non verbale, elle dérange le mode automatique et sa belle bibliothèque d'expériences. C'est la situation-gâchette : cette pensée ou attitude divergente est perçue comme une agression, un signe de « bêtise » ou de mauvaise foi. Le mode automatique réagit, dans un esprit de défense (des valeurs que la personne porte en elle), par un comportement associé de rejet ou d'intolérance, généralement, qui peut être perçu comme étant agressif par un interlocuteur. Plus l'intolérance est ancrée, plus la réaction est puissante.

Logique de fonctionnement

Quand il est confronté à une situation gâchette, votre manager réagit en mode automatique : il adopte une attitude de défense contre ce qui représente une intolérance pour lui (mais une valeur pour vous). Ce peut être n'importe quoi. C'est pour cela que, dans les exemples, nous avons pris une situation d'intolérance à l'imprévoyance ou d'intolérance à l'anticipation en mettant ces deux valeurs en miroir.

Cette réaction entraîne *toujours* une réaction de stress parce que le mode adaptatif de votre manager déclenche son signal d'alarme favori pour indiquer que cette réaction n'est pas appropriée et lui dire : « Tu fais fausse route, ton point de vue n'est pas le seul possible, il faudrait que tu prennes du recul, que tu nuances, que tu t'adaptes à la situation. »

Il n'empêche que vous, qui êtes acteur de la scène, ressentez une poussée de stress, fréquemment du stress de lutte. Vous le prenez personnellement, puisque c'est à vous qu'on s'adresse. Vous entrez vous aussi dans une réaction de stress. C'est humain, compréhensible et légitime. Toutefois, n'oubliez pas ce que signifie la présence de ce stress : votre propre mode adaptatif déclenche son signal d'alarme favori…

En résumé, le stress de votre manager lui indique qu'il ne devrait pas vous réduire à une intolérance qu'il a apprise et à laquelle il adhère. Le stress que vous ressentez vous indique que vous ne devez pas prendre personnellement l'expression d'un conditionnement que vous réveillez par votre simple existence (sans même savoir de quelle intolérance il s'agit).

Mission

Votre mission consiste à déjouer le piège du stress de manière à entretenir des relations normales avec votre manager. Vous pouvez jouer sur deux tableaux, sachant qu'il est impossible de changer votre manager : d'une part, vous œuvrerez à gérer son stress à lui et, d'autre part, vous travaillerez sur vous-même, à limiter votre propension à stresser. Cela consiste à ne plus prendre ces intolérances comme une attaque personnelle ou, si vous préférez, à supporter qu'on vous trouve insupportable. De cette manière :

- vous ne prenez plus personnellement les « agressions » de votre manager et apprenez à vivre avec des personnes qui ont leurs limites, quelles qu'elles soient. Vous gérez mieux votre stress et pouvez donc consacrer l'énergie que vous y perdiez à d'autres tâches plus intéressantes ;

- votre manager stresse moins et apprend à vous apprécier et à ne plus voir en vous uniquement ce qui le dérange. Il est plus serein et gagne également de l'énergie, qu'il peut consacrer à d'autres tâches qu'à vous éviter ou vous tancer.

Options stratégiques

État d'esprit : n'oubliez pas de prendre du recul, d'être curieux et de considérer que vous faites une expérience (voir p. 97).

Stratégie à chaud (en situation) : gestion relationnelle du stress comme stratégie de comportement face à l'intolérance.

Stratégie à long terme : Ouverture d'esprit personnelle pour prévenir vos propres intolérances et le stress. Mise en place d'une communication adaptée.

Impératifs stratégiques

Entraînez-vous à repérer l'expression du stress. De celui de votre manager comme du vôtre (voir p. 44).

Dans la mesure du possible, entraînez-vous à ne pas tomber dans une spirale de stress. Dès que vous ressentez sa présence, efforcez-vous de vous dire : « Stop ! Pas la peine de stresser. Il y a quelque chose que je n'ai pas perçu dans cette situation, prenons du recul pour l'analyser. »

La stratégie à chaud

Cette stratégie consiste à faire chuter le stress de votre manager en utilisant des techniques de gestion relationnelle du stress. Attention à ne pas basculer dans le stress... Soyez attentif à vos réactions et évitez de prendre personnellement ce qui est dit. Nous le répétons parce que c'est la clé du système.

Comment faire ?

Quand votre manager passe en stress de lutte, il affiche l'un des symptômes suivants : il s'énerve, s'impatiente, se met en colère ; il est susceptible et intolérant à la contradiction. En gros, il veut avoir raison et être reconnu pour ses qualités de réflexion et/ou d'action. Pensez à vous quand vous vous énervez...

Apaisez son stress

Le plus efficace, c'est de lui dire : « Oui, c'est vrai, vous avez raison » de la manière la plus convaincante possible. C'est très difficile, puisqu'on se sent agressé et jugé, mais cette attitude fait retomber le stress en deux secondes. Essayez, vous verrez (vous êtes dans votre laboratoire, ne l'oubliez pas). C'est étonnant.

Si ce n'est pas possible, la ligne de conduite générale consiste à prendre le point de vue de votre manager en considération et à reconnaître ses qualités (intellectuelles et d'action) en étant juste et direct. Écoutez-le le plus calmement possible. Soyez précis, factuel (évitez de parler d'émotions). Métacommuniquez (voir *supra*, p. 105). Prenez votre part de responsabilité dans la situation, s'il y en a. Faites des propositions pour éviter qu'il ne s'énerve à l'avenir. Agissez.

▬ Évitez d'aggraver son stress

Évitez la phrase réflexe : « Calmez-vous ! Ne vous énervez pas ! » qui a l'effet contraire à celui recherché. Évitez de stresser et d'entrer dans un rapport de force où vous voulez, vous aussi, avoir raison en faisant des reproches, en interrompant, en étant injuste, en niant. Évitez également de l'agacer en étant imprécis ou hésitant.

Si votre manager est fuyant et vous évite, il est peut-être en stress de fuite (regard fuyant, sourire flou de conciliation, voix instable). Dans ce cas, évitez de le coincer entre deux portes pour lui demander des comptes. Cela renforcera son stress. Abordez-le dans un endroit plutôt ouvert et proposez-lui de chercher ensemble des solutions en lui disant, de manière conviviale, quelque chose comme : « Il me semble que nous avons quelques difficultés à travailler ensemble. Auriez-vous un peu de temps pour que nous trouvions une solution à ce problème ? Nous y gagnerions tous les deux et cela ne pourra qu'améliorer l'efficacité de notre travail respectif. » Fixez un rendez-vous ou proposez de le rappeler pour ce faire.

▨ La stratégie à long terme

Repérez les intolérances de votre manager

Quand on arpente un champ de mines, mieux vaut avoir la carte, n'est-ce pas ? C'est pourquoi il peut être utile de cerner les intolérances de votre manager, pour trois raisons principales :

- dans les interactions générales, cela vous aidera à éviter, en adaptant légèrement votre comportement, de « taper » dans ses intolérances et de provoquer l'inévitable apparition du stress ;

- quand vous devrez intervenir ou lui demander quelque chose, vous pourrez intégrer à votre demande la valeur correspondant à l'intolérance relevée (par exemple : la modestie si votre manager ne supporte pas la vantardise, l'esprit d'équipe s'il ne supporte pas l'individualisme, etc.). Utilisez une phrase comme : « Pardonnez-moi, je sais que vous êtes particulièrement attentif à... (la ponctualité, l'efficacité, la positivité, l'anticipation, le mouvement, la sécurité...), mais je dois... » ;

- quand vous devrez agir, vous saurez quelle compétence (valeur) mettre en avant (la ponctualité, l'efficacité, etc.) pour obtenir l'approbation de votre manager plutôt que son courroux.

Ces intolérances peuvent porter sur n'importe quel comportement, n'importe quelle valeur, n'importe quelle attitude..., le champ est vaste. Pour les retrouver, repérez les situations qui provoquent du stress chez votre manager, puis essayez d'en discerner la cause. En général, le stress est une réponse extrêmement rapide. Remontez dans le temps et remémorez-vous la dernière phrase, le dernier geste qui l'a précédé, et repérez l'élément qui aurait pu déclencher le stress (une intonation, une attitude, une parole, un geste...). Vous aurez mis le doigt sur une zone de stressabilité de votre manager (voir p. 65).

À VOUS | **Selfcoaching étape 8B-1 : Les intolérances**
DE JOUER | **de votre manager.**

Dressez la liste des intolérances de votre manager.

Évacuez vos propres intolérances

Si vous stressez quand votre manager stresse, ce n'est pas juste à cause d'un effet d'entraînement. Vous pourriez ne pas vous sentir concerné, auquel cas vous ne présenterez aucun symptôme de stress. Vous stressez parce que vous vous sentez agressé par l'expression d'une intolérance qui vient heurter votre propre système de valeurs. En général, les intolérances se présentent comme un jeu de miroir : une personne très dynamique aura tendance à se montrer intolérante face à une personne plus posée, qui le lui rendra bien...

Ce faisant, vous apprendrez à apprécier davantage la personnalité de votre manager. Un effet collatéral intéressant, n'est-ce pas ? Si vous stressez en envisageant cette perspective..., faites l'exercice qui suit.

EXERCICE | *Cernez ce qui vous énerve chez votre manager*

1. Partez d'une situation où vous vous sentez stressé en sa présence.

2. Demandez-vous : « Qu'est-ce qui me stresse dans cette situation ? »
   - Réponse : « Il me parle comme à un chien », par exemple.

3. Demandez-vous : « Qu'est-ce qui me dérange dans le fait qu'on me parle comme à un chien ? »
   - Réponse 1 possible : « Qu'on élève la voix. »
   - Réponse 2 possible : « Qu'on me manque de respect. »

4. Demandez-vous : « Qu'est-ce qui me dérange dans le fait qu'on élève la voix (ou qu'on manque de respect) ? »
   - Réponse 1 possible : « Qu'on ne se maîtrise pas. »
   - Réponse 2 possible : « Ben, le manque de respect. » La boucle s'arrête ici, sur un sentiment d'évidence.

5. Demandez-vous : « Qu'est-ce qui me dérange dans le fait qu'on ne se maîtrise pas ? »
   - Réponse 1 possible : « Ben, le manque de maîtrise de soi. » La boucle s'arrête ici, sur un sentiment d'évidence.

Vous l'aurez compris, reprenez dans chaque question la réponse à la question précédente, jusqu'à arriver à une intolérance qui tient en un mot ou presque et qui vous semble évidente. Ici, il s'agit du manque de maîtrise de soi et de l'irrespect.

En général, une intolérance est l'inverse d'une de vos valeurs. Vous avez développé la maîtrise de vous-même et ne supportez pas de voir quelqu'un ne pas se maîtriser. Vous avez toujours du respect pour autrui et ne supportez pas qu'on en manque à qui que ce soit. Reconnaissez-vous la logique bien∕mal du système « motivations et vie sociale » ? L'exercice suivant consiste à nuancer de gris le blanc (bien) et le noir (mal) pour assouplir votre point de vue. N'oubliez pas de conserver votre posture de savant dans votre laboratoire...

EXERCICE | *Évitez que cela vous énerve à l'avenir*

Pour cet exercice, il est conseillé de faire appel à une personne de confiance qui prendra note de vos réponses et donnera les consignes suivantes (attention, elle ne doit pas intervenir dans vos réponses, mais peut vous poser des questions additionnelles pour les préciser).

1. Partez d'une antivaleur identifiée : l'irrespect, par exemple.

2. Remplissez le tableau suivant, dans l'ordre indiqué par les chiffres, en vous posant les questions suivantes :
   - Quels sont les avantages du « respect » (avantages de la valeur) (1) ?
   - Quels sont les inconvénients de « l'irrespect » (inconvénients de l'intolérance) (2) ?
   - Quels sont les inconvénients du « respect » (inconvénients de la valeur) (3) ?
   - Quels sont les avantages de « l'irrespect » (avantages de l'intolérance) (4) ?

RESPECT		IRRESPECT	
Avantages (1)	Inconvénients (3)	Avantages (4)	Inconvénients (2)

Prenez le temps de bien explorer ces avantages et inconvénients de manière à en trouver au moins cinq à sept par case du tableau. Les premières idées, celles qui fusent, ont généralement un caractère assez « automatique » : ce n'est que lorsque vous avez épuisé ces idées que vous faites appel à votre mode adaptatif.

À VOUS DE JOUER | *Selfcoaching étape 8B-2 : Réduisez vos propres intolérances*

Vos intolérances

Dessinez un tableau à quatre colonnes. Remplissez-le comme indiqué ci-dessus.

VALEUR		INTOLÉRANCE	
Avantages (1)	Inconvénients (3)	Avantages (4)	Inconvénients (2)
APPRENTISSAGES (5). TIRER LES APPRENTISSAGES DE L'EXERCICE.			

■ Perspectives

Un monde sans stress et des relations de travail réinventées..., qui dit mieux ?

Cela étant, c'est un long apprentissage qui requiert une bonne compréhension des mécanismes du stress. Il faut également apprendre à ne pas prendre pour soi des choses qui sont adressées à un comportement, fût-il le vôtre.

Cet apprentissage requiert également la faculté de prendre du recul pour se rappeler que ce que vous tenez pour vrai, ce que vous croyez être la réalité, n'est jamais que l'expression de votre point de vue. Ce n'est pas évident à comprendre, mais votre réalité n'est pas la réalité. Il y a plus de choses en ce monde que vous n'en avez vues ou vécues, donc vous ne disposez que d'une partie de la réalité. Cela vaut pour tout le monde, y compris pour votre manager.

Le management façon « 4×4 »

Management « 4x4 »		
TYPES DE MANAGERS	STRATÉGIE D'ACTION	ÉTAT D'ESPRIT DANS LA RELATION
Général : manager cumulant tous les types de motivation déterminés par le système « Motivations et vie sociale » : motivation durable + motivation conditionnelle positive + motivation conditionnelle négative (intolérance). **Catégories** ▪ Celui qui voulait être entouré d'optimistes. ▪ Celui qui voulait être entouré de têtes pensantes. ▪ Celui qui voulait être entouré d'aventuriers. ▪ Celui qui voulait tout prévoir. ▪ Celui qui voulait que le monde soit en parfaite harmonie. ▪ Celui qui voulait que tout le monde se surpasse. ▪ Celui qui voulait que tout le monde s'aime. ▪ Celui qui voulait sauver le monde de la misère.	**Général** Faire changer son point de vue sur votre fonctionnement et, peut-être, sur le sien. **Impératifs** ▪ Être de bonne volonté. ▪ Être authentique dans les échanges. ▪ Prendre son courage à deux mains. **Stratégies** ▪ Métacommuniquer (décrire ce que vous ressentez en temps réel, durant les échanges) pour recréer une relation de travail. ▪ Ensuite, la confiance minimale étant installée, restaurer la relation et la consolider durablement.	**Mission** Vous réhabiliter auprès de votre manager. **Théorie** Comprendre le fonctionnement du système « Motivations et vie sociale ». **En pratique** ▪ Initier le changement en prenant l'initiative de la relation. ▪ S'exposer. ▪ Il n'y a rien à perdre à se faire mieux connaître ou à indiquer que vous avez compris.

« Mon patron est un Martien. Il se fixe des objectifs super-élevés, puis se surpasse pour les atteindre. Il a une puissance de travail impressionnante. C'est un compétiteur increvable, qui n'en a jamais assez et repousse tout le temps ses limites. Il fait beaucoup de sport et vise toujours à améliorer ses performances ; il mange très épicé, comme par défi, pour se prouver sa résistance ; il travaille énormément, reste tard le soir, revient le week-end si nécessaire. Je ne l'ai jamais vu s'avouer vaincu. Il est direct, critique, élitiste. Il a décidément un côté pas tout à fait humain. Mais il est difficile de le lui reprocher tant il obtient des résultats par son acharnement. La boîte, qu'il porte à bout de bras, marche bien. Rien à redire, sauf que travailler à côté de lui, c'est complexant. Même avec la meilleure volonté du monde, je ne parviendrai jamais à abattre la moitié du travail qu'il abat. En fait, je ne parviens pas à suivre. Ça le dérange. Dès que je ne suis pas assez rapide pour lui, il me fait remarquer mon inefficacité et reprend mon boulot, qu'il finit tout seul. Je me sens coupable à chaque fois. Il s'est composé une *task force*, comme il dit. Un groupe d'élite voué à l'action. Dedans, ils fonctionnent tous comme lui ! Peut-être pas toujours aussi fort, mais ils sont exactement sur la même longueur d'ondes. Un groupe de Martiens, quoi ! C'est difficile à vivre pour les autres. On se sent regardé de haut. Mon patron est excessivement critique envers les insuffisances de l'un ou de l'autre. Il est très intolérant envers ceux qui ne sont pas à la hauteur. Autant dire que le taux d'absentéisme est assez ridicule, comparé aux autres entreprises du secteur ! Il a un côté "qui m'aime me suive". Soit on s'accorde à son rythme de fou, soit on se retrouve hors-jeu. C'est ce qui m'est arrivé. Ça fait quelque temps qu'il me fait bien comprendre que je ne l'intéresse plus. Même pas méchamment. Mais c'était très clair. Il attend juste que je remplisse mes tâches. Il me regarde comme une je-m'en-foutiste quand je quitte le bureau à 16 h 30 pour courir chercher mes enfants. Il m'adresse la parole le moins possible. Je ne vous dis pas l'ambiance ! »

Voici, en substance, ce que vous diriez si vous aviez comme patron un « 4×4 » modèle « compétiteur ». Si vous n'y reconnaissez pas votre manager, ce n'est pas un problème, il y a d'autres modèles à votre disposition…

▨ Toxicité et conséquence

Dans la situation présentée, le collaborateur agit normalement, selon sa personnalité, ses valeurs, ses centres d'intérêt. Il fait de son mieux, mais cela ne suffit pas. Son manager semble inaccessible. Le modèle qu'il propose, c'est-à-dire sa manière de fonctionner et ses comportements, semble être le seul concevable. Il veut que tout le monde lui ressemble. C'est typique de ce genre de management.

Les managers « 4×4 » sont capables de mener des missions impossibles dans des délais invraisemblables. Ils n'ont pas de problèmes de motivation ni d'initiative et se citent périodiquement en exemple. Ils se croient normaux mais ne le sont pas : ils oublient qu'ils ont une forme de talent spécifique, qui n'est pas donnée à tout le monde.

Ils renvoient à leurs collaborateurs l'image qu'ils ne correspondent pas à leur modèle et donc qu'ils ne sont pas des interlocuteurs valables. Ces derniers perçoivent la manière de fonctionner de ce type de manager selon deux aspects. Un aspect positif, plutôt convivial, car ces managers aiment ce qu'ils font et le font bien. Ils obtiennent des résultats et sont assez résistants à l'échec. Un aspect négatif qui en fait parfois de mauvais coucheurs car ils sont intolérants avec ceux qui ne fonctionnent pas comme eux. Ils récriminent plus que la moyenne et ne sont pas aussi productifs qu'ils pourraient l'être.

Ce type de comportement, vous l'aurez compris, est source de découragement, principalement pour le collaborateur, mais également pour le manager, qui ne comprend pas que ce dernier ne fonctionne pas comme lui. S'il s'accompagne de fortes intolérances du manager envers le collaborateur, s'ajouteront les conséquences du management façon « antipathie ».

Le manque de reconnaissance joue également un rôle essentiel dans ce processus. La reconnaissance quant au travail fourni est un facteur essentiel qui intervient pour entretenir les motivations, mais aussi pour moduler le ressenti de stress au travail. Intuitivement, il est facile de comprendre que nous sommes très réceptifs au fait que notre travail soit reconnu et valorisé. Sans même aller jusqu'à la critique violente, le simple fait de ne pas porter un minimum d'attention au travail réalisé par un tiers suffit pour le démotiver[1].

Face au découragement et au manque de reconnaissance, les collaborateurs risquent de se désimpliquer. Ils ne font plus partie des plans ? Alors ils

---

1. Ariely D., Kamenica E. et Prelec D. (2008). « Man's search for meaning : The case of Legos », *Journal of Economic Behaviour and Organization* 67 (3), 671-677.

se désintéressent et recentrent leur motivation vers des occupations extraprofessionnelles. Démotivés, ils ont alors tendance à se limiter à leurs tâches habituelles, en réalisant leur travail sans la moindre initiative.

Le collaborateur perd de l'intérêt pour son travail. L'organisation perd en performance. Le manager perd le support actif de ses troupes, et c'est d'autant plus regrettable que c'est exactement l'inverse de ce qu'il souhaite.

Grille de lecture

Origine de la toxicité

Cette toxicité est individuelle. Elle est due au fait que votre manager est tout particulièrement gouverné par son système « motivations et vie sociale », que nous vous invitons à relire, au besoin (p. 49).

Notre manager « compétiteur » cité au début de cette section cumule tous les types de motivation déterminés par ce système. C'est ce qui le rend aussi motivé et résistant. On trouve en lui :

- les motivations durables du compétiteur. Ici : « J'aime la compétition. » Il aime le simple fait d'être en compétition, de donner le meilleur de lui-même, de se surpasser, pour le plaisir. Qu'il gagne ou qu'il perde compte peu, pourvu qu'il puisse se mesurer à d'autres et, surtout, à lui-même pour progresser ;

- les motivations conditionnelles « positives » du compétiteur, dépendantes du plaisir (espéré) d'un résultat positif. Ici : « Il faut se dépasser pour être le meilleur. » Il aime également être en compétition, donner le meilleur de lui-même, se surpasser… mais à condition de réussir. Seul le résultat lui importe et est sensible au regard des autres, dont il attend de la reconnaissance. S'il gagne, il conserve sa motivation. S'il perd ou n'obtient pas de reconnaissance, il a tendance à se démotiver ce qui, dans son cas, est assez rare puisqu'il dispose de la motivation durable inconditionnelle ;

- les motivations conditionnelles « négatives » du compétiteur, qui s'expriment par l'aversion envers quelque chose d'intolérable. Ici : « Il faut que je me dépasse parce que je ne supporte pas la facilité. » Le manager est très sensible au regard des autres et intolérant envers ceux qui ne partagent pas son point de vue. Il a tendance à réagir en les rejetant (voir la section traitant du management façon « antipathie », p. 120). Il n'est pas question ici de gagner ou de perdre, mais bien d'adopter un comportement pour éviter les sanctions s'appliquant au comportement inverse (par exemple, les sanctions subies par ceux qui ne font pas d'efforts, ne tentent pas de se dépasser, ne cherchent pas à être le meilleur, etc.).

En bref, ce manager vit selon le schéma suivant : « J'aime la compétition, j'apprécie les résultats que j'obtiens en dépassant mes limites et il est hors de question que ne le fasse pas, parce que je tomberai dans la facilité, qui m'est intolérable. » Il reproduit inlassablement un comportement qui lui plaît et bénéficie de bons résultats tout en ne supportant pas d'être confronté au comportement opposé, à commencer chez lui : il est très exigeant envers lui-même, donc très exigeant envers les autres. L'origine de la toxicité du manager façon « 4×4 » réside dans la conjonction, dans un seul individu, de ces diverses motivations.

Sa manière de fonctionner lui semble parfaitement normale, parce qu'elle est amplement conditionnée dans le même registre (« la compétition », dans notre exemple), ce qui renforce son sentiment de « réalité », conformément au sentiment qui prédomine quand on est en mode automatique (voir p. 66). Il conçoit difficilement que l'on puisse fonctionner différemment.

Logique de fonctionnement

Un « 4×4 » est une voiture qui franchit tous les obstacles qui jalonnent sa route. Ultra-puissante, impressionnante, bruyante, elle dispose de quatre roues motrices qui lui évitent les principaux accidents de parcours : si les roues avant n'accrochent plus, les roues arrière prennent le relais. L'allégorie est parlante. Les managers qui fonctionnent en mode « 4×4 » ont les mêmes vertus. Ils franchissent les obstacles, poussés vers l'avant par leur plaisir de faire. Ils ne peuvent jamais reculer, poussés également vers l'avant par leurs intolérances, qu'ils appliquent avant tout à eux-mêmes.

Toutefois, un problème se pose : le rapport puissance/efficacité de ce type de voiture... ou d'individu est largement trop bas. Car, quand on fait le compte de l'énergie dépensée, de leurs compétences et de leurs motivations, le résultat n'est pas à la hauteur. C'est comme s'ils appuyaient en même temps sur l'accélérateur (envie de faire) et sur le frein (intolérance) : ils n'avancent pas autant qu'ils le souhaiteraient et risquent de griller leur moteur. En clair : ils se retrouvent, seuls ou en vase clos, à travailler au-delà de leurs limites... C'est la principale source de toxicité pour les autres, *mais également pour eux* (c'est un axe stratégique intéressant).

Il y a, en tout et pour tout, huit registres d'expression de ce type de comportements. Huit modèles de « 4×4 », dont le modèle « compétiteur » (qu'on pourrait sous-titrer, à la façon de *Friends*[1], par : « Celui qui voulait que tout le monde se surpasse ») présenté en entrée de chapitre[2]. Voici les sept autres, en bref.

▨ Celui qui voulait être entouré d'optimistes

C'est le « 4×4 » modèle « philosophe ». Un manager dynamique, naturel, convivial. Très positif et optimiste, il prend la vie du bon côté. Spontané et authentique, il valorise ce qui est naturel. Il aime faire les choses à son rythme (qui peut être très dynamique ou très cool) et a tendance à « butiner », passant volontiers d'un projet à un autre. Il est facilement détourné de ce qu'il fait par ce qui vient l'interrompre (un mail, une pause-café...). Il a du mal à rentrer dans un cadre et à respecter les *deadlines*, les rendez-vous... Il lui arrive de pester en pensant qu'il n'a pas assez de temps pour lui. Au niveau management, c'est un adepte du « tout ira toujours bien » qui attend que ses collaborateurs partagent cette vision des choses. Tant qu'il n'y a pas de souci, il ne voit pas pourquoi il faudrait réfléchir aux contraintes et aux problèmes qui pourraient apparaître. Il ne supporte pas que ses collaborateurs « dramatisent », « compliquent », « détaillent » les choses pour rien (alors que ceux-ci font juste preuve de réalisme ou de précision). Il évite comme la peste les personnes fatalistes, réalistes, pessimistes. Il réprouve toute prise de position ou tout comportement « excessif » ou « extrémiste » à ses yeux. Il déteste ceux qui, sous le coup de la colère par exemple, peuvent se montrer agressifs, violents, ainsi que ceux qui lui semblent hypocrites ou menteurs. Il va donc s'isoler peu à peu... alors que son objectif est de créer une ambiance de travail conviviale.

---

1. Sitcom américaine en 236 épisodes dont le titre commençait par : « Celui qui... ».
2. « Le compétiteur » aime relever des défis, se dépasser, dépasser les limites. Il est bref, clair, précis, factuel, et attend que les autres le soient également. Il valorise le mérite et surtout l'effort. Il fait preuve d'esprit critique et d'originalité. Il déteste se résigner, ou voir les autres abandonner, se montrer faible et dépendant. Il abhorre la lenteur, l'inefficacité, la banalité, le manque d'esprit critique...

Celui qui voulait être entouré de têtes pensantes

C'est le « 4×4 » modèle « novateur ». Un manager intelligent, fin, très fort dans les raisonnements logiques et qui accorde beaucoup d'attention aux conséquences de ses actes. Il aime expliquer, démontrer. Il est naturellement doué pour innover, inventer, concevoir, conceptualiser (très à l'aise dans les réflexions abstraites, parfois absconses pour les autres). Il sait nuancer, relativiser les choses. Très responsable et autonome, il anticipe les conséquences et veille à responsabiliser ses collaborateurs. Au niveau management, il attend de ses collaborateurs une vivacité d'esprit équivalente à la sienne, faute de quoi il peut être blessant en leur reprochant leur manque de logique ou de jugeote. Il est réactif face à ce qu'il considère être de la « bêtise », de l'inconséquence, de l'incompétence ou de l'irresponsabilité. Il déteste ceux qui, selon lui, exagèrent, simplifient ou déforment la réalité, et n'utilisent pas les bons mots pour dire les choses. Affirmer sans preuve, critiquer ou polémiquer sont des comportements qui le font fuir ou s'énerver. S'il se sent entouré par ce type d'attitudes et de comportements, il a tendance à s'isoler et à se refermer dans un monde clos : le sien. Il fait les choses seul et… déresponsabilise ses collaborateurs, alors que son but consiste à les responsabiliser.

Celui qui voulait être entouré d'aventuriers

C'est le « 4×4 » modèle « animateur ». Un manager qui aime la créativité, l'humour, le jeu, le mouvement, le changement. À titre personnel, il apprécie beaucoup de bouger, voyager, faire du sport. Il est naturellement doué pour vendre, animer, créer, improviser et plaisanter. Il n'a pas peur de faire de nouvelles (même mauvaises) rencontres, d'aborder les inconnus ou de prendre des risques. Pour lui, rien n'est vraiment sérieux, tout est en mouvement permanent. Au niveau management, il déteste que ses collaborateurs lui répètent, lui récitent, lui ressassent les mêmes choses. Ceux qui essaient de lui parler avec sérieux d'un projet, de lui expliquer ou de lui prouver tel ou tel point, le font fuir ou l'agacent, de même que ceux qui cherchent à s'imposer ou insistent auprès de lui. Il les fuit d'autant plus qu'il n'aime pas les affronter et leur dire non : s'il dit « oui, oui », c'est souvent un « oui, oui, cause toujours » visant à clore la conversation. C'est une véritable anguille : il est intolérant à l'enfermement, à l'immobilisme, à la compétition et éprouve des difficultés avec tout ce qui est sérieux, ne serait-ce qu'une discussion. Il veut garder toutes les options ouvertes, si bien qu'il ne s'engage que très difficilement sur une voie qu'il vit comme un enfermement potentiel. Cela peut être épuisant et déstabilisant pour ses collaborateurs, obligés de suivre quelqu'un qui change sans cesse de cap.

Celui qui voulait tout prévoir

C'est le « 4×4 » modèle « gestionnaire », que nous avons déjà présenté en entrée de deuxième chapitre de ce livre (le cas de Jean, p. 70). C'est un manager qui aime organiser, planifier, gérer, capitaliser, anticiper les risques. Il accorde beaucoup d'importance aux biens matériels, à ce qui est concret, à ce qui fait gagner du temps et de l'argent : il veille à simplifier les process, à améliorer la sécurité et la qualité. Il n'hésite pas à mettre son nez dans le détail des dossiers et ses mains « dans le cambouis ». Il tend à orchestrer le travail des autres, pour augmenter la rentabilité et l'efficience collective. Méticuleux, consciencieux, perfectionniste, il a tendance à vouloir tout programmer, tout maîtriser, tout sécuriser… tout verrouiller. Au niveau managérial, il n'aime pas laisser la place à l'improvisation et si ses collaborateurs viennent l'ennuyer avec des choses imprévues, il leur rétorque sèchement : « Vous n'aviez qu'à prévoir. » Très intolérant face à l'incertitude, au provisoire, au précaire, au désordre, il déteste que son équipe prenne des risques, perde de l'argent, gaspille des ressources ou du temps : il fait la « chasse au gaspi » et gare à ceux qui ne suivent pas ses règles et ne respectent pas ses standards ou son organisation (la seule qui vaille à ses yeux). Ce qui fait qu'on s'en méfie et qu'on l'évite. Il s'isole dans son bureau bien rangé, entretenant avec son équipe des contacts épistolaires plus que des contacts réels.

Celui qui voulait que le monde soit en parfaite harmonie

C'est le « 4×4 » modèle « stratège ». Un manager qui aime diriger, décider, orchestrer, déléguer. Il sait repérer et accoucher les talents : il apprécie de jouer les pygmalions et que cela se sache. Il a une passion pour le développement du potentiel humain et l'ordre social. Créateur d'harmonie et de synergies, c'est un excellent leader-coordinateur : il fait en sorte que chacun soit à sa place selon ses compétences et dans le respect de la hiérarchie. Il manifeste du tact et de la délicatesse dans ses rapports humains. Il est raffiné, élégant, bien éduqué. Il apprécie de donner ou de recevoir des cadeaux, quelles que soient les occasions : l'arrivée, le retour ou le départ d'un collaborateur, l'acceptation ou la réussite d'un projet, les fêtes de fin d'année... Tous ces moments qui permettent de créer du lien et de la bonne ambiance au sein de l'équipe ou de l'entreprise. Au niveau managérial, il donne le cap, définit la stratégie... et compte sur son équipe pour passer à l'action et produire les résultats attendus. Il attend de chacun le même engagement (voire le même dévouement) que le sien au service des projets communs et de l'entreprise. Ceux qui ne jouent pas le jeu ou, pire, vont à l'encontre de l'action commune, sont vus comme des traîtres à leur parole et à la confiance donnée. Il est intolérant vis-à-vis de l'individualisme et de la mesquinerie. Il peut se montrer moraliste au sens du respect des principes, des règles et des autres. Il est très « méritocrate », il attribue des récompenses et des privilèges en fonction des compétences et des mérites de ses collaborateurs (il a d'ailleurs tendance à s'en attribuer à lui-même). Il mesure l'implication de chacun selon la règle : « Plus on a de droits, plus on a de devoirs. » Il croit devoir faire preuve d'héroïsme dans les moments difficiles, tel le capitaine capable de se laisser couler avec le bateau et son équipage. Il peut tolérer un certain degré d'impertinence ou d'incompétence du moment que les personnes ont la double qualité d'être totalement dévouées et honnêtes. Mais il rejette ceux qui – selon lui – font « bande à part » ou ne semblent pas assez doués... On est alors loin de l'harmonie et de la synergie d'équipe qu'il apprécie tant.

Celui qui voulait que tout le monde s'aime

C'est le « 4×4 » modèle « participatif ». Un manager qui accorde une importance prépondérante aux rapports humains affectifs. Très engagé, avec et pour les autres, plutôt psychologue, il apprécie les ambiances de travail où les gens se connaissent et y contribue en créant du lien, en se montrant particulièrement accueillant. Il aime agir en équipe, partager, accompagner, soutenir, seconder ses collaborateurs plutôt que de décider et opérer seul. Il fonctionne sur le mode affectif, cherche à séduire, à plaire... Au niveau managérial, il réprouve ceux qui se mettent en avant, se valorisent, veulent décider ou agir seuls. Il apprécie les rapports humains cordiaux et ouverts et propose volontiers de poursuivre l'échange en dehors du travail, autour d'un verre, par exemple. Il ne s'intéresse ni aux personnalités plus froides, ni à ceux qui ne font pas partie de « son groupe », de « son cercle ». Il offre son amitié mais attend un retour et s'impatiente quand ce dernier ne vient pas ou pas assez vite. Il a horreur de se sentir abandonné, rejeté, mais n'est pas persévérant pour autant car il préfère quitter qu'être quitté. Il peut se dégager d'une relation, sans état d'âme, en pensant : « Il n'avait qu'à répondre à mes attentes. J'ai tourné la page et ne reviendrai pas en arrière. » De fait, il ne revient pas en arrière… parce qu'il possède ce qu'il croit être le « courage de ses sentiments ». Ainsi, il y a, au bureau, son groupe d'amis, ses « chouchous »…, et les autres, avec lesquels il conserve une froide distance. Loin de sa volonté d'échange.

Celui qui voulait sauver le monde de la misère

C'est le « 4×4 » modèle « solidaire ». Un manager généreux, serviable, qui aime les autres (dans la détresse), sans condition. Altruiste, disponible, il donne et se donne sans compter, organise l'entraide ou l'aide en faveur des personnes en difficulté et trouve des budgets pour cela. Humble et consciencieux, il ne rechigne jamais à effectuer les tâches ingrates et pénibles. Simple et discret, il s'accorde peu d'importance et n'est pas attiré par les biens matériels. Au niveau managérial, il attend le même état d'esprit de la part de ses collaborateurs. Intolérant vis-à-vis que ceux qui n'aident pas les personnes en difficulté, il entre en conflit avec ceux qui ne donnent, d'après lui, jamais assez de leur temps. Il est toujours sur le pont, même malade, et ne comprend pas que ses collaborateurs puissent se soucier d'eux-mêmes, alors qu'il y a tant à faire. Il abat énormément de travail sans s'écouter… et sans écouter ses collaborateurs, leur disant qu'ils sont bien lotis et que leurs problèmes sont mineurs à côté de ceux des personnes démunies. Il déteste le gaspillage, les privilèges, l'égoïsme. Il ne supporte pas l'idée qu'on puisse être inutile, improductif ou refuser une demande d'aide (les autres managers ou ses supérieurs le savent bien et en jouent !). Il pense qu'on ne s'oublie jamais assez et exige de ses collaborateurs d'allonger sans compter leurs heures de travail. Au final, il devient aigri, fâché avec la société « qui ne comprend rien ». Il se retrouve avec une poignée de fidèles et se coupe de ses autres collaborateurs, lassés et harassés par ce comportement… inhumain.

Mission

Vous l'aurez compris, votre mission principale consiste à vous réhabiliter auprès de votre manager. S'il est très peu probable qu'il change, il n'est pas forcément fermé à la critique, parce qu'il est capable d'ouvrir les yeux sur le fait que son système de fonctionnement obtient des résultats inverses à ceux espérés. Il faut, bien entendu, y aller en douceur et faire preuve de diplomatie : une attaque frontale aurait pour conséquence une réponse de stress (voir section précédente, le management façon « antipathie »).

Si vous parvenez à lui faire passer le message, les gains seront multiples :

- pour vous : vous réintégrerez l'équipe et serez perçu comme un élément qui apporte un « plus » grâce à ses compétences spécifiques ;
- pour votre manager : il comprendra un peu mieux son propre mode de fonctionnement et récupérera en vous, voire en d'autres si sa prise de conscience est importante, des ressources utiles à ses projets.

Options stratégiques

État d'esprit : Allez-y le cœur vaillant et exposez-vous. Vous n'avez rien à perdre à vous faire mieux connaître ou à lui indiquer que vous l'avez compris. N'oubliez pas de prendre du recul, d'être curieux et de considérer que vous faites une expérience (voir p. 97).

Stratégie à chaud (en situation) : métacommuniquer (voir p. 105 pour le principe de base).

Stratégie à long terme : restaurer la relation.

Impératifs stratégiques

- Être de bonne volonté. Faire les efforts nécessaires pour progresser et montrer à votre manager que vous pouvez être bon dans ce que vous faites, même si ce n'est pas comme lui le ferait.
- Être authentique dans vos échanges.
- Prendre votre courage à deux mains pour lui parler face à face, en privé.

▨ La stratégie à chaud

Cette stratégie à appliquer durant les moments d'interaction en face à face avec votre manager est une introduction à votre stratégie à long terme. L'idée globale de cette stratégie à chaud consiste à recréer une relation de travail. Elle doit être réservée aux moments, même courts, même rares, où vous êtes seul avec votre manager. En public, elle risque de tourner à votre désavantage, surtout si ce public est majoritairement composé de personnes qui fonctionnent peu ou prou comme lui.

Comment faire ?

Il s'agit de « métacommuniquer », c'est-à-dire d'exprimer le fond de votre pensée non sur la discussion en cours, mais sur le sujet plus général de votre manière de fonctionner ensemble. Utilisez cette stratégie en variant le contenu des phrases, mais pas le fond, jusqu'à ce que vous perceviez un changement de comportement à votre égard. Jusqu'à ce que vous ne vous sentiez plus aussi exclu qu'auparavant.

Pour entamer la conversation, lancez une phrase telle que : « Chef, puis-je vous parler pendant trois minutes sans que vous m'interrompiez ? C'est important. »

Ensuite, venez-en au cœur des messages, plutôt brefs et qui ne doivent pas prendre le pas sur la discussion qui vous occupe. Les grandes idées ont été développées dans les pages précédentes, qui pourraient, en substance donner le résultat suivant :

Pour ce qui le concerne : « Patron (ou "chef", "Monsieur", "Madame"…), vous êtes quelqu'un de très exigeant, et ces exigences vous aident à accomplir votre travail. C'est très bien, mais vous avez l'avantage de vous appuyer également sur un certain plaisir d'agir et de faire… (*voir les différents modèles proposés pour trouver le mot adéquat*). Vous savez, nous n'avons pas tous la même facilité à agir que vous, et vos exigences font qu'il est très difficile de vous suivre. J'ai le sentiment que vous voulez que nous travaillions tous comme vous le faites si bien, mais que vos exigences de… (*même remarque*) nous découragent. C'est dommage, parce que nous avons tous quelque chose à gagner à travailler ensemble, et là, j'ai surtout l'impression que nous sommes mis de côté et que l'équipe est moins performante qu'elle pourrait l'être. »

Pour vous aider à obtenir son écoute, soyez perspicace : quelques phrases de reconnaissance de ses qualités ne feront pas de tort (tout le monde a besoin de reconnaissance, n'est-ce pas ?), à ne dire que si vous le pensez, dans le genre :

- « Je n'en connais pas beaucoup comme vous. »

- « J'aimerais avoir votre capacité à... (même remarque). »

- « Je ne vous l'ai jamais dit, mais vous êtes vraiment quelqu'un d'exception, c'est exaltant de travailler avec vous. »

- « Vous abattez une charge de travail incroyable. C'est très impressionnant. »

Aidez-vous, si nécessaire, des indices que vous trouverez dans la section « Logique de fonctionnement » (p. 134).

Pour ce qui vous concerne : « Je suis conscient que je n'ai pas votre capacité à... (*même remarque*) et en suis désolé. Mais j'ai d'autres compétences, d'autres qualités qui peuvent vous aider à atteindre vos objectifs et ceux du département. Je sais, par exemple... (*à vous de remplir les blancs avec vos compétences*), et cela peut être très utile pour... (*même remarque*) et vous déchargerait de ces tâches qui vous pèsent visiblement. »

L'idée consiste à mettre en avant vos qualités et vos compétences qui passent au second plan par rapport aux intolérances de votre manager.

Quelques phrases vous permettent de mettre en avant votre envie de travailler et votre bonne foi, comme :

- « Il se trouve que je n'ai ni votre expérience, ni votre implication. »

- « Je suis impliqué. Je m'accroche. Mais j'ai l'impression que c'est une course perdue d'avance. »

- « J'ai bien peur que ce que vous attendez de moi ne soit pas réaliste... (*même remarque*) n'est pas ma spécialité. »

- « Nous y gagnerions tous à mobiliser les compétences et qualités que j'ai, plutôt que de chercher à faire de moi ce que je ne suis pas, ne trouvez-vous pas ? »

À VOUS DE JOUER | *Selfcoaching étape 8C-1 : Scénarisez des conversations fictives*

Faites le point sur le type de management 4×4 utilisé par votre manager, puis mettez au point plusieurs courtes conversations fictives, à placer dès que vous en avez l'occasion. Pensez également à vous ménager cette occasion.

1. Trouvez une manière de l'aborder pour qu'il vous laisse parler quelques minutes sans vous interrompre.

2. En revoyant, si nécessaire, le contenu de ce chapitre pour bien vous imprégner de l'état d'esprit adéquat, trouvez cinq phrases à lui dire pour ce qui le concerne.

La stratégie à long terme

Lorsque vous percevez un changement de comportement à votre égard, vous pouvez lancer la seconde phase de votre stratégie. Puisque la confiance minimale est installée, vous pouvez jouer cartes sur table. Attention, cependant, si votre manager cumule les formes de toxicité et fonctionne également en mode « despote », cette stratégie à long terme doit être abandonnée. Limitez-vous, dans ce cas, à la stratégie relative au mode « despote ».

Comment faire ?

Durant toute la stratégie, et même au-delà, prouvez que vous êtes de bonne volonté, que vous progressez et êtes attentif à ses exigences, sans nécessairement vous y plier à chaque fois (soyez cohérent avec les phrases que vous lui dites). L'objectif est de recevoir un compliment ou, au moins, pas de critique. Relevez le compliment ou l'absence de critique en disant quelque chose comme : « C'est plus agréable de travailler comme ça. »

Ensuite, préparez le discours fondateur de votre nouvelle manière de fonctionner avec lui. Dans ce texte, vous insérerez au moins les deux thématiques suivantes : reconnaissez l'évidence et soyez authentique sur ses qualités à lui et vos limites à vous. Ce n'est pas facile, mais pour que les choses changent, il faut toujours un peu prendre sur soi…

EXERCICE | *Écrivez à votre manager*

1. Comme si vous rédigiez votre histoire pour votre meilleur ami, écrivez tout ce que vous avez à dire sur votre chef et sur vous en étant parfaitement authentique. Rédigez le fond de votre pensée : pas besoin d'embellir quoi que ce soit ni de critiquer inutilement.

2. Rangez votre texte sans le montrer à qui que ce soit.

3. Reprenez-le quinze jours plus tard et corrigez les passages qui ne vous semblent pas refléter la réalité objective, si vous étiez un observateur extérieur.

4. Refaites l'exercice jusqu'à ce que vous soyez serein en relisant le texte.

5. Demandez-vous comment vous aimeriez qu'il vous manage, ce que vous aimeriez voir changer et ajoutez les passages correspondants à la fin de votre texte.

6. Laissez-le reposer à nouveau.

7. Ensuite, rendez ce texte acceptable pour votre manager, dont vous connaissez la personnalité, afin qu'il y prête une oreille attentive.

8. Lorsque le résultat vous satisfait, lisez-le à haute voix à un ou plusieurs de vos proches (de préférence, pas à l'un de vos collègues) : gardez une distance critique vis-à-vis de leurs éventuelles remarques. Ne vous sentez pas obligé de remanier votre texte pour tenir compte de chacune d'elles mais conservez-les en mémoire.

9. Préparez-vous à présenter ce texte oralement à votre manager.

10. Prenez rendez-vous pour lui lire le texte. Si vous n'y parvenez pas, soumettez-le lui et demandez-lui de vous faire part de ses commentaires.

Si nous repartions de l'exemple proposé en tête de chapitre, et si vous étiez le collaborateur/la collaboratrice, cela pourrait donner quelque chose comme le texte suivant :

> *« Cher Monsieur Dupont. Je me permets de vous écrire ce texte parce que je souhaiterais optimiser notre manière de travailler ensemble. Comme je vous l'ai déjà dit, je suis vraiment très impressionné par votre capacité à vous fixer de nouveaux défis et à vous surpasser pour les relever. Vous avez une puissance de travail que je n'avais jamais rencontrée auparavant, et je pense que toute l'équipe vous est acquise sur ce point. Cela étant, travailler à vos côtés a des aspects complexants. Même avec la meilleure volonté du monde, je ne parviendrai jamais à abattre autant de travail que vous. Ni voyez de ma part ni mauvaise volonté, ni envie d'échapper à mes responsabilités. En fait, j'aime mon travail. Je suis impliqué. Je m'accroche. Pour éviter que je ne me décourage, il faudrait que vous conveniez du fait que vous êtes exceptionnel dans ce que vous accomplissez. Je le dis car je le pense. J'aimerais que vous voyiez en moi autre chose que cette personne qui n'est pas comme vous. Peut-être*

ferai-je mieux "à ma façon" qu'en essayant de faire "à votre façon" sans y parvenir ? Je pense avoir d'autres qualités. Je crois que je suis quelqu'un qui sait créer du lien, faire en sorte que tout le monde se sente bien. J'espère vous aider à être plus efficace en m'occupant des petits soucis des uns et des autres ou en imaginant des nouvelles procédures. Qu'en pensez-vous ? Ne pourrions-nous pas convenir d'une autre manière de travailler ? J'aimerais, pour ma part, être votre relais entre votre task force et le reste des effectifs, de manière à ce que tout le monde se donne à fond, même si c'est différemment de vous, pour que l'entreprise soit performante. Pensez-vous que cette idée puisse donner des résultats intéressants ? J'espère que vous comprendrez ma demande et que vous en tiendrez compte. Pourrais-je vous demander de me donner votre sentiment sur cette lettre ? Bien cordialement. »

À VOUS DE JOUER | Selfcoaching étape 8C-2 : Imaginez votre discours fondateur

Imaginez le discours fondateur de votre nouvelle relation de travail avec votre manager en suivant les points proposés dans cette section « stratégie à long terme ».

▨ Perspectives

Les managers « 4×4 » ne sont généralement pas opposés à comprendre pourquoi les choses leur échappent et se passent à l'inverse de ce qu'ils souhaiteraient. Le seul obstacle, ce sont les intolérances dont ils font preuve. Il semble donc judicieux, en général, de coupler la gestion de ce type de toxicité avec celle d'un management façon « antipathie ».

Bien gérée, la lutte contre ce type de management toxique peut déboucher sur une relation de travail normalisée, où chacun est reconnu pour ce qu'il apporte à l'ensemble. Si cela fonctionne, vous pourriez, à terme, attirer l'attention de votre manager sur le fait que sa force est d'être à la fois passionné et exigeant. Que cette force repose sur la chance qu'il a d'avoir su placer ses passions au cœur de son métier, et que tout le monde n'a pas cette chance : on ne choisit pas ses passions, ni les influences qui permettent, étant jeune, de les exprimer. Qu'en faire une simple question de morale (je suis OK, les autres sont nuls) est vraisemblablement une erreur. Et que s'il devait occuper une autre fonction dans l'organisation, il aurait peut-être, lui aussi, des soucis de motivation.

Il faut toutefois être patient pour faire bouger les choses et, surtout, se donner à fond, en faisant preuve de bonne volonté. La réhabilitation est une lutte qui ne se remporte pas en restant passif et inactif...

Le management façon « hyper »

Management « hyper »		
TYPES DE MANAGERS	STRATÉGIE D'ACTION	ÉTAT D'ESPRIT DANS LA RELATION
Général Managers en hyper-investissement émotionnel. Cet « hyper » peut prendre n'importe quelle forme (hyperperfectionniste, hypersocial, dans l'hypercontrôle, hyperambitieux, etc.). **Caractéristiques** Le comportement en « hyper » est reconnaissable à quatre phases qui alternent : ▪ phase 1 : excitation fébrile avec anxiété d'anticipation ; ▪ phase 2 : insatisfaction malgré les bons résultats ou la reconnaissance obtenus, frustration ; ▪ phase 3 : souffrance aiguë, lamentation, déception intense ; ▪ phase 4 : amertume, agressivité ou repli sur soi.	**Général** Limiter l'effet de ce côté « hyper » au quotidien. Impératifs ▪ Ne pas juger votre manager. ▪ Éviter d'alimenter le cycle de son « hyper ». ▪ Le rendre actif sur son fonctionnement. ▪ Être persévérant. **Stratégies** ▪ Ne pas devenir porteur des attentes de l'« hyper ». ▪ Objectiver les attentes. ▪ Rester ouvert et faire preuve de bon sens. ▪ Cadrer l'« hyper ».	**Théorie** Comprendre le fonctionnement du cycle de l'« hyper ». **Mission** Maintenir votre manager dans une les phases d'enthousiasme et éviter qu'il ne tombe dans les phases d'échec et d'amertume. **En pratique** ▪ Considérer que le manager est emprisonné dans un mécanisme qui le dépasse, dont il n'a pas conscience et qui agit sur lui comme une drogue. ▪ Ne pas se sentir coupable de ne pas pouvoir répondre à ses attentes.

« Je me souviens du jour où je suis arrivé dans l'équipe. Mon manager m'a accueilli avec beaucoup d'enthousiasme et m'a présenté à tous en disant : "Nous allons faire de grandes choses ensemble." J'avais l'impression d'être le fils prodigue ou quelque chose d'approchant. C'était à la fois agréable et gênant, et je percevais dans le regard de mes futurs collègues soit de l'envie, soit du désintérêt, soit du désabusement. Bizarre. Mais je n'ai pas eu le temps d'y réfléchir. Très rapidement, mon patron a commencé à me donner des responsabilités. C'était un entrepreneur-né, il avait plein d'idées et me confiait la charge de les développer en me disant : "Il n'y a que sur toi que je peux compter, j'ai essayé avec les autres, mais ils ne sont pas à la hauteur. Celui-ci est plutôt incompétent, celle-là, on ne peut pas compter sur elle... Je sais que toi, tu ne me décevras pas." Je ressortais toujours de son bureau avec des tonnes de trucs à faire. Je travaillais énormément, et je recevais très peu de soutien de mes collègues, qui me disaient que ça ne valait pas le coup de me tuer à la tâche, que moins de 10 % des projets aboutissaient à quelque chose. Il régnait une atmosphère de critiques et de déceptions croisées. Mais bon, moi, je dois fidélité à celui qui me paie... Cela dit, mon patron ne semblait pas se rendre compte de ce qu'il me demandait et continuait à enchaîner les projets de développement. J'étais épuisé. Et un peu déçu, parce que je ne recevais pas beaucoup de retour de mon travail.

Un vendredi, veille de vacances, à 17 heures, il m'a convoqué dans son bureau pour m'expliquer sa nouvelle idée : "Il y en a pour cinq minutes"... je suis resté deux heures. Un nouveau projet à imaginer, pour le lundi de la rentrée. Je n'ai eu ni le temps ni, à vrai dire, l'envie de travailler durant mes vacances. Ma famille me voyait peu depuis mon engagement. J'avais envie d'être avec eux. Le lundi de la rentrée, j'ai dit à mon patron que je n'avais pas eu le temps, mais que j'étais fin prêt pour me relancer. Depuis, quelque chose a changé dans notre relation. On a alterné des phases "comme avant", où il se montrait plus exigeant encore, m'appelant à pas d'heure, me demandant des choses dans des délais injouables, et des phases où il ne me parlait plus, comme si je sentais le gaz. Il m'évitait et avait une moue de dégoût, ou quelque chose comme ça, quand il me voyait. Sans que rien ne puisse l'expliquer. Puis c'est devenu plus net, mais pas plus clair : il a commencé à me massacrer derrière mon dos, me traitant d'incompétent, d'incapable, de paresseux, et j'en passe... Tout le monde me regardait avec un sourire en coin. Plus personne ne m'aidait. Il me confiait des tâches impossibles, puis me reprochait de ne pas les avoir faites, de ne plus être concerné, de ne pas m'impliquer. Il crachait ces mots à mon visage avec l'amertume et la rancœur du gars qui rumine ça toute la journée. J'étais devenu une cible. Celle de tous ses espoirs déçus. Puis un nouveau a été engagé. Mon manager l'a accueilli avec beaucoup d'enthousiasme et l'a présenté à l'équipe en disant : "Nous allons faire de grandes choses ensemble". Là, j'ai eu un sourire désabusé. Et j'ai compris que le cycle infernal allait recommencer... »

◼ Toxicité et conséquence

Dès le début de la relation, il y a quelque chose qui ne colle pas tout à fait. Le manager est un peu « trop » quelque chose. Un peu « hyper » : il est, par exemple hyper-impliqué, ou hyper-enthousiaste, ou hyper-méticuleux, hyper-perfectionniste, ou encore hyper-affectif, hyper-séducteur... En fait, quelle que soit la manière dont se manifeste son côté « hyper », ce manager est pris dans l'engrenage d'un hyper-investissement émotionnel : un comportement à tendance obsessive qui se traduit par une excitation fébrile, un intense désir de réussir et une peur excessive d'échouer. Les motivations liées à ce comportement peuvent le mener vers des états de stress importants, voire d'épuisement psychologique (et/ou professionnel comme le *burnout*) en dépensant toute son énergie pour réaliser un objectif en décalage avec ses véritables attentes, dont il n'a souvent même pas conscience. Il ne sera ainsi jamais satisfait ni de lui-même, ni du résultat de son investissement, ni de la reconnaissance obtenue. Il s'agit en réalité d'une motivation mal ajustée qui ne peut conduire, à terme, que vers la frustration, la déception et l'amertume.

On a l'impression, au départ, que le manager n'a jamais eu de chance et compte sur nous pour inverser la tendance. Mais cet élan inaugural n'est pas gratuit. On se rend rapidement compte qu'il cache une énorme attente, qui peut même être déclarée d'emblée : « Enfin quelqu'un qui sera à la hauteur de mes attentes » (ici : de faire de grandes choses, donc d'entreprendre).

Au début, ça se passe bien, sauf qu'il est difficile de refréner le côté « hyper » du manager. Il n'a, visiblement, pas conscience qu'il en fait trop (« hyper » dans son action) ou qu'il a trop d'attentes envers vous (« hyper » dans ses attentes). Il attend de vous et des autres une reconnaissance pour ce qu'il accomplit, reconnaissance qui ne le satisfait jamais. Ou alors, il vous charge de plus en plus de choses à faire qui ont un rapport avec son côté « hyper » ou devient de plus en plus exigeant sur certains points précis, également liés à cet « hyper ». Dans tous les cas, la pression s'accroît. Celle du travail, celle des attentes. En outre, il est impossible d'en parler : il est particulièrement intolérant à la critique sur le sujet. Si vous abordez les points « hyper », vous êtes vertement morigéné. Donc, vous ne les abordez pas.

Souvent il met la pression, toujours sur des points précis : « Et alors, où en êtes-vous ? » ou : « Que pensez-vous de ce dossier que je finalise ? » Si vous dites « pas maintenant », voire « stop » (parce que trop, c'est trop), ou bien si vous lui faites part de vos remarques ou de critiques constructives, il explose. Et là, la relation change. Il passe de la frustration à la déception et l'amertume. Il se sent blessé. Et il commence à vous en vouloir pour ça. La relation devient très ambivalente : il alterne les phases d'enthousiasme du début, mêlées à une forme d'anxiété vis-à-vis de l'échec (manque de reconnaissance, refus de votre part...), avec les phases de rumination

Quelques chiffres issus de l'ESTIME

La motivation liée à l'hyper-investissement émotionnel est un comportement à tendance obsessive qui entre dans le cadre des addictions comportementales et fait le lit des formes majeures de risques et de troubles psychosociaux.

Premier facteur de stress au travail, il se traduit par « un intense désir de réussir et une peur excessive d'échouer, sans qu'il y ait forcément de grands enjeux » (24 %), voire « un sentiment de déception ou de frustration même si les résultats sont bons et reconnus comme tels » (15 %).

Dans ses manifestations les plus aiguës, cet hyper-investissement émotionnel au travail, qui touche au total plus de 40 % des répondants, engendre :

- soit un comportement de *work addict* pouvant aboutir au *burnout*, syndrome d'épuisement professionnel ;
- soit des conséquences traumatiques et une démotivation extrêmement amère.

suite à des déceptions d'autant plus fréquentes qu'il demande en plus l'impossible et ne vous semble pas du tout *fair-play* : il vous dénigre, veut se venger du mal que vous lui avez fait. Mais de quel mal s'agit-il ? Vous ne savez plus sur quel pied danser. Vous savez seulement que ce n'est jamais assez. Jamais, quoi que vous fassiez. Vous étiez le messie, et vous êtes devenu l'homme ou la femme susceptible de le blesser à tout moment. Ses attentes frustrées sont autant de chapes de plomb qui s'abattent sur vous... ou sur d'autres. Et cela fonctionne en cycle : une nouvelle idée à entreprendre, de nouvelles attentes, une nouvelle déception, une nouvelle rumination, et ainsi de suite. Indéfiniment. Jusqu'à ce qu'une nouvelle tête ne prenne le relais... ce qui vous laisse sur le carreau, avec l'étiquette « décevant » collée sur le front. Le pire étant que vous ne savez toujours pas ce qui vous est arrivé, ni pourquoi !

En général, le département est divisé en plusieurs groupes :

- il y a les « choisis », qui « portent » le côté « hyper » du manager. Au cœur des attentes, ils sont proches du management. Mis en exergue, mais corvéables à merci ;

- il y a les anciens « porteurs de l'hyper ». Certains ont pris du recul par rapport à ce comportement et se sont fait une raison. Ils ont pris leur distance et évitent de se retrouver dans cette position. D'autres acceptent difficilement ce changement de statut et se sentent floués, abandonnés, rejetés, incompris... Ils ont, eux aussi, du ressentiment envers le manager et une pointe d'envie envers les porteurs actuels.

- puis il y a ceux qui n'ont jamais été porteurs et observent le manège sans nécessairement y prendre part.

Quel que soit le groupe auquel on appartient, on ne connaît pas la source du problème, qui est une difficulté émotionnelle interne au manager. Pourtant, et c'est très humain, on cherche une explication rationnelle. C'est ainsi qu'on en arrive à soupçonner les autres individus de faire des coups bas, des mesquineries... C'est d'autant plus simple que le manager, dans sa phase de déception/frustration, attise les inimitiés (surtout sur les porteurs actuels), créant de ce fait une ambiance propice aux suspicions et aux ressentiments.

▒ Grille de lecture

Origine de la toxicité

L'origine de la toxicité réside dans le comportement « hyper » du manager, qui est en hyper-investissement émotionnel. Il est individuel et peut cibler n'importe quel comportement, n'importe quelle valeur ou intolérance. Retenez toutefois que l'« hyper » est lié à un sujet précis. Même s'il occupe beaucoup de place dans la vie du manager (l'« hyper » de séduction, par exemple, qui intervient dans toute relation sociale), ce dernier sera parfaitement normal dans les situations où cet « hyper » n'entre pas en jeu. Cela permet de le différencier du management façon « despote ».

L'hyper-investissement émotionnel appartient au système « motivations et vie sociale ». La personne est « hyper-investie » sur certains thèmes parce qu'elle est « hypo-investie » sur d'autres sujets, comme s'ils étaient tabous pour lui. Ces derniers entraînent des complexes, des comportements de repli ou d'intolérance avec agacement et mépris. Les comportements « hyper » qui les compensent ont une tendance addictive et obsessive qui, lorsqu'ils atteignent une trop grande intensité, peuvent relever d'une prise en charge psychothérapeutique.

Logique de fonctionnement

Comme nous l'avons vu, une personne en hyper-investissement émotionnel passe normalement par différentes phases :

1. excitation fébrile avec anxiété d'anticipation, intense désir de réussir et une peur excessive d'échouer (par exemple, l'amoureux transi) ;

2. insatisfaction malgré les bons résultats ou la reconnaissance obtenus, frustration (« tout ça pour ça... ») ;

3. traumatisme, souffrance aiguë, lamentation, déception intense, détresse, désespoir... ;

4. amertume (la personne est amère, aigrie, déprimée : soit elle réagit de façon agressive soit elle se replie complètement sur elle-même).

Dans certains cas, le manager alterne entre les phases 1 et 2, surtout si le managé rentre dans son jeu : le jeu du « je te suis, tu me fuis ; je te fuis, tu me suis » et du « je t'aime, moi non plus » qui en découle. Ce cycle court de l'« hyper » (1, 2, 1, 2...) a une certaine efficacité, au sens où il maintient un équilibre, certes précaire et instable, dans la relation managériale.

Dans les autres cas, l'« hyper » du manager suit un cycle long (1, 2, 3, 4... puis quelque temps plus tard, de nouveau 1, 2, 3, 4...) qui est inefficace et nocif pour la relation qu'il entretient avec son managé.

Le manager peut ne pas avoir conscience qu'il en fait trop, qu'il en attend trop des autres, en pensant qu'il est « normal » et que ce sont ses collaborateurs qui ne le sont pas. Comme un drogué (l'« hyper » est un comportement à tendance addictive et obsessive), il peut parfois se montrer prêt à tout pour satisfaire son intense désir, même si cela va à l'encontre des valeurs : demande directe, séduction, pression, tromperie, dénigrement ou attente plus ou moins explicite, voire même chantage, agressivité ou lamentation en cas d'échec. Toutefois, faute d'avoir une stratégie de rechange ou de pouvoir stopper le processus, il continue à se comporter de la même façon sans comprendre pourquoi il ne peut pas s'arrêter en se disant : « C'est plus fort que moi ! » Ceci est, bien sûr, générateur de conflits et de problèmes relationnels.

De l'extérieur, on observe un comportement toujours ambivalent : excitation et anxiété, « obsessivité » et insatisfaction (même si le résultat est bon), acharnement et démotivation, amertume et rancune, et ce de façon cyclique ou en alternance, d'une manière parfaitement incompréhensible. On a l'impression de faire face à une personne immature, capricieuse. En un mot : ingérable. Parce que cette succession de comportements ne répond, de l'extérieur, à aucune logique. De fait : la pièce se joue à l'intérieur de la personne, là où nul spectateur n'est admis...

▨ Mission

Votre mission, face à ce type de management toxique, consiste à essayer de maintenir votre manager dans une alternance entre les phases 1 et 2 de l'« hyper » et d'éviter qu'il ne tombe dans les cycles longs. Pour ce qui vous concerne, vous veillerez à éviter de vous retrouver dans le rôle de porteur de son « hyper » (ou à le quitter), tout en restaurant, si possible, une ambiance de travail positive au bureau.

Si vous parvenez à gérer le côté « hyper » de votre manager, vous devriez pouvoir faciliter la relation de travail :

- pour vous : de la tranquillité au travail, moins de pression, moins d'attente et de débordements émotionnels à votre égard ;

- pour votre manager : moins de phases de rumination et d'amertume et un meilleur contrôle de son propre hyper-investissement émotionnel.

État d'esprit : considérez que votre manager est emprisonné dans un mécanisme qui le dépasse, dont il n'a pas conscience et qui agit sur lui comme une drogue. Ne vous sentez pas coupable de ne pas pouvoir répondre à ses attentes impossibles. N'oubliez pas de prendre du recul, d'être curieux et de considérer que vous faites une expérience (voir p. 97).

Stratégie à chaud (en situation) : éviter le rôle de « porteur d'hyper » et de gérer son hyper-investissement émotionnel en objectivant ses attentes (reformuler, ou mieux, lui faire formuler ses demandes par écrit, factualiser l'échec ou la réussite à l'aide d'indicateurs de suivi choisis d'avance).

Stratégie à long terme : gérer l'hyper-investissement émotionnel sur la durée, en créant les conditions d'une alternance entre phases 1 et 2 (cycles courts). Cadrer le comportement du manager. Gérer les relations avec les collègues.

Impératifs stratégiques

- Ne jugez pas votre « hyper » patron. Il n'a aucune conscience ni du fonctionnement du mécanisme, ni de sa source, et est lui-même victime de cette situation interne qui rejaillit sur d'autres.

- Évitez d'alimenter le cycle de l'hyper soit en endossant le rôle de porteur (et en faisant jouer à plein régime les phases 1 et 2), ce qui vous épuiserait sans entraîner de changement, soit en le cassant volontairement, ce qui enclencherait un cycle long et augmenterait la virulence de la rancœur sans arranger le problème.

- Rendez-le actif sur son fonctionnement « hyper ». Mettez en place un cadre de fonctionnement (externe) qui limitera la fréquence et l'intensité de ses cycles.

- Soyez persévérant : même bien géré, l'« hyper » revient toujours. La gestion de l'« hyper » est un travail de tous les jours. Mais ne pas le gérer entraîne des situations encore pires.

▪ La stratégie à chaud

Vu de l'extérieur, l'hyper-investissement émotionnel est un comportement bizarre, irrationnel. Cette ambivalence permanente perturbe, énerve, décourage. C'est une importante source potentielle de stress.

Pour réagir correctement à chaud (quand le manager arrive avec une nouvelle idée de produit à commercialiser, par exemple), gérez cette demande comme une demande normale, comme si elle n'était pas teintée d'hyper-investissement émotionnel. Ne freinez pas le processus, mais faites preuve de bon sens par rapport aux ressources dont vous disposez (faites la liste de ses exigences et des ressources dont il dispose, comme vous l'avez fait vous-même dans le deuxième chapitre, voir p. 90). Conservez une posture ouverte, mais posez des questions concrètes qui feront réfléchir (et reculer) votre manager. En trouvant une ligne de conduite logique par rapport à son hyper-investissement émotionnel : « Entreprendre ceci, oui, mais pas à n'importe quel prix. » Ce faisant, vous ferez dégonfler son « hyper » : confrontée à la réalité, l'obsession peu sujette à l'action tend à faire machine arrière.

Comment faire ?

En général, il arrive vers vous en disant quelque chose comme : « J'ai pensé qu'il serait bien de... Peux-tu t'en occuper ? C'est important. »

Accueillez sa demande avec ouverture, cordialité et intérêt : « Bien sûr, pourquoi pas ? » Partez du principe que sa demande/proposition est digne d'intérêt et ne vous placez JAMAIS en position de donneur de leçon (du type : « Mais vous savez bien que c'est impossible »).

Soyez proactif, mais de manière proportionnée : « L'idée est bonne, mais je ne voudrais pas que cette nouvelle mission se fasse au détriment d'autres qui sont également importantes. »

Vérifiez la pertinence de l'idée par une ou deux questions :

- demandez-lui de préciser sa pensée de la manière la plus concrète possible en prétextant que vous avez besoin de plus d'informations pour remplir cette nouvelle mission qu'il vous confie ;
- tout en restant très diplomate et bienveillant, si vous trouvez l'idée nulle, évitez de dire qu'elle est brillante.

S'il noie le poisson, restez-en là. S'il poursuit et développe sa demande, vous entendrez vraisemblablement des phrases pleines d'exigences telles que : « Je veux ceci, fait comme cela. » Il avance des exigences, mais très peu de moyens (sinon vous, bien entendu) pour les concrétiser.

Toujours très cordialement, demandez-lui de préciser les moyens dont il dispose : « Ce pourrait être un projet intéressant. Que comptez-vous faire pour y arriver ? » Une fois encore, s'il ne répond pas, dites-lui que vous avez besoin de plus d'information pour remplir cette mission.

Il développe alors des idées de moyens. En général, les moyens sont largement insuffisants pour atteindre les exigences fixées. Poursuivez en proposant de passer à l'action : « Qu'en pensez-vous ? Souhaitez-vous que je formalise tout ça ou que je fasse un préprojet ? »

Ne freinez pas le processus. Accompagnez-le. Posez des questions qui concernent les ressources disponibles : « Vous êtes sûr que le planning de l'équipe de production supportera cette surcharge de travail ? Vous êtes sûr d'avoir les personnes disponibles ? », etc. L'objectif de ces questions tient en trois idées : en rester aux faits, objectiver, « désémotionnaliser ».

Normalement, cela suffit à dégonfler la demande. Soit elle devient plus réaliste, soit elle disparaît. Si elle se maintient, proposez de poser les questions du point précédent aux personnes responsables et de revenir avec les informations.

À VOUS DE JOUER | Selfcoaching étape 8D-1 : Identifiez l'hyper-investissement émotionnel de votre manager

Identifiez l'hyper-investissement émotionnel de votre manager en vous posant les questions suivantes (et en vous référant à vos réponses de l'étape 1-2) :

- Qu'est-ce qu'il ne fait jamais et qu'il reproche aux autres de ne pas faire assez ?
- Qu'est-ce qu'il fait trop ?
- Qu'est-ce qui l'obsède ?
- Quel est son sujet de conversation favori ?
- Quelles sont les choses qu'il commence avec beaucoup d'entrain pour se démotiver rapidement sans raison apparente ?
- Avez-vous repéré une ambivalence sur certains sujets ?

- Que dit-il dans les phrases commençant par : « Plus jamais je ne… », « On ne m'y reprendra plus… » quand il est amer (cycle long) ?

Définissez une ligne de conduite par rapport à cet hyper-investissement émotionnel : quelle règle de base pourriez-vous instaurer pour le rendre réaliste ou pour faire réfléchir votre manager au fait que ce n'est pas toujours faisable, ni souhaitable ?

En partant de cette ligne de conduite, imaginez une série de questions types que vous pourriez lui poser dans les situations où son côté « hyper » apparaît pour le faire dégonfler.

La stratégie à long terme

Favorisez les cycles courts

L'objectif consiste à conserver le comportement « hyper » dans son cycle court. Jouez le jeu du « je te suis, tu me fuis ; je te fuis, tu me suis ». Si vous êtes tout le temps « chaud » et donnez satisfaction à tous les désirs de votre manager, vous devenez le porteur de son « hyper ». Vous êtes son objet. C'est une situation difficile (pression, jalousie, crise, méfiance…). Si vous êtes « froid » en permanence et ne répondez à aucune attente, vous déclenchez le cycle long. C'est encore une situation difficile (rancune, vengeance, relationnel détestable…). Visez au centre : soyez tiède ! Prenez les rênes du cycle d'hyper-investissement émotionnel et donnez le rythme de l'alternance phase 1/phase 2.

Comment faire ?

Alternez les réponses positives sous condition (pourquoi pas, mais il faudrait que…) et les réponses négatives. Parfois, vous pouvez satisfaire ses demandes (revues à la baisse, si possible, comme explicité dans le paragraphe précédent). Parfois, soyez moins disponible. Prétextez des réunions, des impératifs familiaux : « Je dois y aller, je vous appelle. » Rappelez le lendemain, mais en repoussant encore l'entrevue au lendemain, à la semaine suivante, etc. Évitez de donner des délais trop longs, suivez l'affaire, mais ne vous mouillez pas. Puis acceptez… et promettez d'étudier la question la semaine suivante. Puis rappelez pour dire qu'un petit contretemps vous oblige à reculer la date d'un jour. Soyez à chaque fois précis dans vos délais, et respectez-les (c'est essentiel : faites toujours ce que vous avez dit que vous feriez, c'est apaisant pour votre manager et ça calme son obsession). Quand vous sentez qu'il perd patience, acceptez. L'idée, ici, consiste à vous laisser le temps de respirer, à ne pas vous épuiser. Et à prendre les rênes de la relation. Petite astuce : inspirez-vous des articles de revues féminines du style : « Comment faire pour garder son mec ? ».

Cadrez l'hyper-investissement émotionnel

Non cadré, l'hyper-investissement émotionnel prend une place trop importante dans la vie d'une personne. La pression qui découle de l'anxiété accompagnant l'enthousiasme est particulièrement harassante : « Tu es sûr que ça ira ? On sera bien dans les temps ?, etc. » Cadrer l'« hyper » revient à rassurer son manager, à l'apaiser. Tout ce qui cadre le travail (fiches de fonction, rendez-vous réguliers, compte rendu, planning, indicateurs de suivi, etc.) apaise.

Enfin, il est intéressant de remettre la responsabilité à sa juste place. Une grande partie de la toxicité de ce comportement provient du fait que VOUS devenez le responsable de la réussite de SON « hyper ». Pour réduire l'aspect négatif de son comportement, il convient de le responsabiliser progressivement...

Comment faire ?

Pour cadrer l'« hyper », créez une règle qui limite la peur de l'échec ou l'anticipe le plus possible. Soyez factuel et laissez le moins de flou possible :

- si, par exemple, vous avez un manager en « hyper » sur les délais, créez une règle du genre : « Écoutez, je sais que vous avez besoin de vos chiffres pour le budget le 24 du mois. Je vous propose de faire un point le 20 et de vous dire où j'en suis. » Soyez factuel ! Ne dites pas quelque chose comme : « Mais vous savez bien que cela arrive toujours à temps. » Il est anxieux, il a besoin de repères ;

- si, autre exemple, vous avez un manager en « hyper » sur les résultats, ne le laissez pas dans l'inconnu : si vous sentez qu'il n'est pas possible de réaliser son projet, prévenez-le très vite, pour ne pas alimenter l'« hyper ».

Pour replacer la responsabilité de la mission sur les épaules de votre manager :

- faites-lui prendre conscience de sa part d'anxiété irrationnelle : demandez-lui de quoi il a peur. Demandez-lui ce qui explique cette peur ? Parlez-lui de son « hyper » et remettez-le en perspective : « J'ai toujours l'impression que vous êtes anxieux quand nous créons un nouveau projet. Pourtant, les chiffres de vente sont excellents : qu'est-ce qui vous inquiète comme ça, alors ? Trouvez-vous que c'est proportionnel au risque que nous prenons ? »

- faites-lui prendre du recul : « Vous perdez de l'énergie en vous inquiétant comme ça. Que pourriez-vous faire d'autre ? Comment pourriez-vous utiliser plus judicieusement cette énergie ? »

- ensuite, rendez-le actif : « Qu'est-ce que vous vous sentez capable d'assumer ? » ; « Essayez, voyez ce que ça donne. Si nécessaire, quand vous rencontrez une difficulté, venez me voir. »

À VOUS DE JOUER | **Selfcoaching étape 8D-2 : Cadrez l'hyper-investissement émotionnel de votre manager**

Imaginez trois règles qui permettraient de cadrer l'« hyper » de votre manager (voir les exemples ci-dessus).

Perspectives

Une meilleure ambiance de travail est possible, mais il faudra travailler à la gestion des conflits créés durant les cycles longs du manager. Ce n'est pas évident, parce que les personnes prisonnières de leur amertume ou de leur rancœur peuvent être particulièrement blessantes. Vous pouvez, par contre, donner les clés aux nouveaux arrivants pour éviter de grossir les rangs des mécontents.

Une meilleure gestion de l'hyper-investissement émotionnel n'entraînant pas sa disparition, il faut apprendre à vivre avec. Vous devrez donc reproduire les diverses stratégies de cette section de manière cyclique, indéfiniment.

Le management façon « despote »

Management « despote »		
TYPES DE MANAGERS	STRATÉGIE D'ACTION	ÉTAT D'ESPRIT DANS LA RELATION
Général Individus dominants. **Catégories** *Niveau 1* : le flatteur. Flatte pour obtenir ce qu'il veut. N'assume pas, en public, son comportement. *Niveau 2* : la (fausse) victime. Se plaint, se fait passer pour une victime et culpabilise l'autre. Ne se sent pas responsable de son comportement. *Niveau 3* : le menaçant. Menace et dévalorise en public. S'amuse de la souffrance d'autrui. *Niveau 4* : le gratuitement violent. Harcèle, s'en prend à des objets, exprime sa peur d'exploser. Cherche à se faire reconnaître comme menaçant. On en a peur.	**Général** Limiter les effets du harcèlement au quotidien. **Impératifs** ■ Ni valeur, ni jugement. Prenez du recul par rapport à votre propre système de valeur. ■ Mettre par écrit. ■ Éviter d'entrer dans le rapport de force. **Stratégies** ■ Appliquer les consignes du management façon « Mission impossible ». ■ Gérer la dominance en « live ». ■ Gérer les échanges.	**Théorie** Comprendre le fonctionnement du système « Survie collective ». **Mission** ■ Ne plus se laisser gangrener par la peur et se protéger le plus possible. **En pratique** ■ Ne pas se laisser impressionner ni déstabiliser par les réactions. ■ En dire le moins possible. ■ Rester neutre, constructif, respectueux. ■ Ne pas rivaliser ou s'opposer. ■ Être direct.

« Ce matin, notre manager a pris à partie le nouveau. Il l'a fait venir dans son bureau et a laissé la porte ouverte, pour que tout le monde puisse entendre la conversation. Il l'a enguirlandé parce qu'il n'avait pas respecté une procédure de routine, lui disant que s'il ne suivait pas le règlement, il se verrait au regret de devoir le renvoyer. Sur le plateau à côté, les personnes semblaient très affairées. Les yeux baissés, elles avaient cet air absent des gens qui ne veulent pas savoir ce qui se passe à quelques mètres d'eux, comme si elles redoutaient de se faire happer par la colère divine si elles levaient les yeux. Les seuls qui ricanaient, c'était les fidèles lieutenants du manager. Les chouchous. J'avoue que je n'ai pas osé intervenir. Pourtant, j'aurais voulu prendre la défense du nouveau, mais quelque chose en moi m'empêchait de le faire. Une voix qui me disait : "Non". Mieux vaut ne pas se retrouver dans l'œil du cyclone, au travail. On ne sait jamais sur qui ça tombera la prochaine fois. Ni pourquoi.

La semaine passée, une collègue a dû rappeler plusieurs fois par jour, sur ordre du manager, un bon client qui avait un peu de retard de paiement, ce qui n'est pas inhabituel chez lui. Le patron avait dit, péremptoire : "Il y a un moment où il faut arrêter l'hémorragie." Elle est parvenue à s'arranger en s'excusant pour qu'il paie rapidement. Elle a fait son rapport, assez fière d'elle, au manager... et s'est fait incendier parce qu'elle n'avait soi-disant rien compris. Il lui a dit quelque chose comme : "Ce client a toujours eu des retards. Qu'est-ce qui vous a pris ?"... alors qu'elle avait fait exactement ce qu'il avait demandé ! Quelle mauvaise foi ! Elle a pris le blâme et n'a pas insisté. Comme d'habitude, il avait donné cet ordre oralement. Au jeu de "sa parole contre la mienne", on est toujours perdant... Pour finir, moi, j'ai de la chance. Dès qu'il me demande quelque chose, je laisse tout tomber pour gérer sa demande en priorité. Sinon il me met la pression jusqu'à ce qu'il soit servi. La clé, au travail, c'est de garder un profil bas et de faire ce que le manager demande... tout ce qu'il demande, y compris une chose et son contraire dans la même journée ! »

■ Toxicité et conséquence

Si l'on devait résumer cette toxicité en une phrase, ce serait : « Faites ce que je veux, sinon... » avec, pour remplacer les points de suspension, toute la gamme des comportements utiles pour obtenir ce qu'on veut dans ce bas monde. Pas besoin pour le manager de multiplier les actions d'éclat : il suffit de faire périodiquement un exemple pour que personne ne bronche.

Cet exemple doit être :

- assez frappant pour décourager toute velléité de rébellion ;

- aléatoire pour que chacun soit en permanence sur ses gardes (et consacre son énergie à ça, plutôt qu'à chercher à obtenir le poste du manager) ;

- rabaissant, pour taper où ça fait mal (l'image ou l'estime de soi) et renforcer, chez tous, la crainte de la punition.

Les comportements du manager épargnent toutefois deux types de personnes :

- d'une part, celles qui lui prêtent allégeance et deviennent ses fidèles lieutenants (parfois plus royalistes que le roi !). Elles doivent être inférieurs au manager dans les rapports de force et posséder des caractéristiques utiles pour ce dernier : l'obéissance, la force, la ruse, l'aveuglement... ;

- d'autre part, celles qui, de manière naturelle, lui tiennent tête dans les rapports de force ou les gagnent. Elles obtiennent (pour un temps au moins) le respect du manager. Un respect toujours teinté de crainte.

Petit florilège non exhaustif des comportements utiles pour obtenir ce que l'on veut, classés par thème

Déstabilisation	- Flatter et séduire pour obtenir quelque chose. - Jouer à la « victime » et culpabiliser l'autre. - Manipuler. - Tenir deux discours (un en public et un en privé). - Ne jamais rien écrire (tout passe par l'oral). - Imposer des contacts physiques inopportuns, avoir des gestes déplacés, à connotation sexuelle. - Évoquer la vie privée de la cible. - Se contredire sans émotion apparente.
Dévalorisation	- Humilier publiquement. - Faire des critiques sarcastiques. - Insulter. - Envoyer des e-mails cinglants. - Faire des « plaisanteries » vexatoires en prétendant que c'est pour rire (et que la cible n'a pas d'humour). - Dévaloriser ouvertement le travail. - S'accorder naturellement tous les droits et n'en accorder aucun aux autres, qui n'ont que des devoirs (envers lui…).
Intimidation	- Faire du chantage et de l'intimidation. - Être agressif sans raison. - Couper grossièrement la parole. - Jeter des regards mauvais. - Proférer des menaces. - Envahir l'espace personnel d'autrui. - Avoir des comportements violents, physiquement et/ou verbalement.
Division (des personnes, pour mieux régner)	- Faire de la discrimination. - Chercher à isoler et menacer si la personne rompt l'isolement. - Bloquer l'information. - Mettre au placard, isoler la personne du reste de l'équipe. - Traiter les gens comme s'ils étaient invisibles.

Ce type de toxicité a des conséquences dramatiques pour l'organisation qui l'abrite et pour son personnel. Au niveau individuel, on constate une baisse d'estime de soi. Des épisodes toxiques, on ressort agressé, blessé, humilié, démoralisé ou rabaissé… en outre, la culpabilité qu'on ressent de ne pas pouvoir intervenir est également source de baisse d'estime de soi. L'anxiété, facteur important de risques psychosociaux, est omniprésente.

Au niveau des groupes, on constate que la priorité numéro 1 des personnes ayant un manager « despote », c'est de se protéger et d'éviter les reproches. Plus personne ne bouge, sauf quand le manager est là, auquel cas tout le monde s'active. De nombreuses personnes sont obnubilées par un désir de vengeance qui prend, lui aussi, le pas sur les priorités de travail.

Au niveau de l'organisation, cette toxicité a un coût. On constate :

- un turnover important : de nombreux collaborateurs ont tendance à quitter le service dès qu'une occasion se présente à eux ;

- un absentéisme important : ceux qui restent coincés sont insatisfaits de leur vie professionnelle et, démotivés, s'impliquent *a minima*. Ils sont anxieux en permanence et présentent un taux élevé de risques psychosociaux : dépression ou épuisement professionnel (*burnout*).

Grille de lecture

Origine de la toxicité

Dans le cas qui nous occupe, votre manager est gouverné par son système « survie collective ». Instinctivement, il occupe un positionnement élevé dans la « hiérarchie primitive » : c'est un dominant. Relisez la section traitant de ce sujet (p. 46).

Le système « survie collective » est fondé sur la loi du plus fort : le fort domine le faible. Cette dominance s'exerce par la violence (par la menace verbale et physique ou l'agressivité offensive réelle), qui entraîne chez le plus faible un sentiment de peur. La peur, c'est la pierre angulaire de ce système : sans motif particulier, chacun s'en ressent. Les plus faibles bien sûr. Mais aussi les plus forts, qui ont peur en permanence que quelqu'un ne prenne leur place. Rien d'étonnant à ce qu'ils utilisent ce média de la peur à leur avantage : ils ôtent aux plus faibles l'envie de revendiquer leur place de manager.

Il faut également noter que les comportements issus de ce système « survie collective » sont, par nature, peu contrôlables. On dira volontiers : « C'est plus fort que moi ! » Karl Marx était visionnaire quand il disait que « le dominant est dominé par sa domination », c'est-à-dire que les dominants sont prisonniers de leurs comportements, sans nullement vouloir les plaindre.

Situé dans les rangs supérieurs de la hiérarchie instinctive, le dominant dispose, en tant que leader potentiel, d'un atout qui fait que d'autres ont tendance à le suivre : un excès de confiance en lui. Se sentant supérieur aux individus moins dominants que lui, il se vit comme un gagnant naturel dans le rapport de force grâce à son pouvoir de séduction/déstabilisation/mépris/violence gratuite (en fonction du niveau hiérarchique qu'il occupe, voir ci-dessous). Il a tendance à dire « non »… par crainte irrationnelle de se faire détrôner s'il disait « oui ».

Logique de fonctionnement

Pour mieux cerner à qui vous avez affaire, voici une brève description des niveaux de dominance que l'on peut rencontrer dans l'univers professionnel. Retenez que plus

La loi de la jungle

Notez, et c'est extrêmement important, qu'on parle bien ici de la loi de la jungle, même replacée dans notre contexte actuel de vie. Le système « survie collective » détermine une vie en groupe primitive, fondée sur la force, la violence, la peur, la sexualité. Une vie en groupe qui a précédé l'apparition de la vie sociale fondée sur la notion de valeur telle que nous la connaissons aujourd'hui. Le système « survie collective » prime donc sur le système « motivations et vie sociale », qu'il court-circuite : les dominants ne sont pas sensibles aux valeurs ou aux devoirs envers autrui. Pour parvenir à leurs fins, ils utilisent le rapport de force. Ce n'est pas pour autant qu'ils ne connaissent pas le système « Motivations et vie sociale ». Au contraire ! Ils l'utilisent, mais à leur avantage uniquement, pour gagner le rapport de force. Un dominant parlera de valeurs : bien qu'égoïste par nature, il sera, par exemple, le premier à parler d'esprit d'équipe pour obtenir votre soutien ou votre aide. Il a, généralement, recours aux valeurs pour culpabiliser l'autre et obtenir ce qu'il veut. Cela ne fonctionne que dans ce sens. Les dominants ne sont pas sensibles aux valeurs qu'on leur oppose. Leur parler de justice pour faire valoir vos droits, c'est un peu comme s'attaquer à un moulin à la manière de Don Quichotte. En revanche, ils sont sensibles à l'attitude, à la réaction dans le rapport de force. C'est un point clé pour apprendre à mieux vivre à leurs côtés.

son niveau est élevé, plus le dominant est confiant en lui-même, plus il a tendance à être toxique. Chaque personne perçoit sa position par rapport à ce niveau et a tendance à adopter les comportements de soumission correspondant au registre de ce dominant naturel. Plus son niveau de hiérarchie primitive est élevé, plus on en a peur, plus il est difficile de lui refuser quoi que ce soit, plus il obsède nos pensées...

Niveau 1 de la hiérarchie primitive : le flatteur

Son arme favorite : flatter pour obtenir ce qu'il veut : « Tu fais si bien ça. Ça en jette. Tu peux me donner un coup de main ? » C'est quelqu'un qui n'hésite pas à poser cent fois la même question jusqu'à obtenir un oui et à remettre tout *deal* en question jusqu'à ce qu'il soit satisfait. Il est toujours à la limite de l'acceptable. Difficile de lui reprocher quelque chose. D'ailleurs, il a toujours un alibi qui limite, à son avis, sa responsabilité. Il n'hésite pas à faire du chantage, à complimenter et ridiculiser tour à tour la même personne, à manipuler afin de déstabiliser. Il souffle le chaud et le froid. On se sent désiré, puis jaloux, honteux, coupable... et on n'arrête pas d'y penser. Il atteint de ce fait son objectif plus ou moins conscient : occuper en permanence votre esprit. En parallèle, il n'assume jamais, en public, son comportement. Il a tendance à faire marche arrière quand on le dévoile.

Niveau 2 de la hiérarchie primitive : la (fausse) victime

Son arme favorite, se plaindre, se faire passer pour une victime et vous culpabiliser : « Tu sais que c'est vraiment très difficile pour moi, l'informatique. Quand il faut aider, je réponds toujours présent. Et là, alors que j'ai cinquante pages à taper pour demain, tu me laisses tomber ? Ce n'est vraiment pas cool ! Super, le copain ! » Ce faisant, il touche au cœur de vos valeurs sociales positives : entraide, *team spirit*, altruisme, etc. C'est quelqu'un qui a tendance à en rajouter quand il lui arrive quelque chose (c'est toujours dramatique et largement exposé aux autres) et s'autoproclame « victime » de sa bonté, son ouverture d'esprit, sa gentillesse, etc. Ses comportements font qu'il est très présent dans la vie de ses cibles, même quand il est physiquement absent. Il alterne plaintes et accusations culpabilisantes, menaces, railleries, critiques dans un double langage qui leurre l'entourage. En public, il n'assume qu'à moitié son comportement : il a fait ce qu'il a fait, mais il y a toujours une bonne raison qui l'y a poussé. Il n'est donc pas responsable.

Niveau 3 de la hiérarchie primitive : le menaçant

Son arme favorite, la menace voilée et la dévalorisation publique : « Écoute, tu m'as demandé des vacances cet été. Si tu ne viens pas demain faire ce remplacement, je ne peux pas t'assurer ces vacances. Je serai contraint d'en faire part à la direction. Je ne peux plus te protéger. *Sorry.* » C'est quelqu'un qui affiche son côté dominant et s'en réjouit. À ce stade, le harcèlement moral n'est pas à exclure. Son jeu favori : se choisir une cible sans défense ou défavorisée, mais pas trop (ce serait trop flagrant), puis entamer une succession de moqueries amicales, si possible en public. Le spectacle doit être divertissant : plus les rires fusent, plus la réussite du dominant est probante vis-à-vis du groupe. Et ce, jusqu'à la déstabilisation complète et publique de la victime, dont le sort et la souffrance l'amuse et à qui il dira : « Allez, c'est pour rire. Tu n'as pas d'humour ! ». C'est quelqu'un qu'on cherche à éviter pour ne pas se retrouver dans son collimateur.

Niveau 4 de la hiérarchie primitive : le gratuitement violent

Son arme favorite, s'en prendre à des objets : le patron casse de manière très froide le crayon qu'il a en main (non-dit : « si tu ne fais pas ce que je te dis, c'est toi que je casse comme ça »). C'est quelqu'un qui joue de la terreur qu'il inspire par des menaces obscures ou suggérées et une violence imprévisible. À ce stade, il y a un risque de harcèlement non seulement moral mais aussi sexuel ou physique. Certains de ses regards (plongeant dans le décolleté) ou de gestes (la main aux fesses) sont clairement déplacés. Souvent, il est mutique et laisse planer des sous-entendus ou des menaces, cherchant à inquiéter. Parfois, il se défoule sur des objets et laisse son interlocuteur dans un état de soumission pétrifiée. On ne sait jamais au juste quelle sera la cible, mais on redoute l'impact. Ce dominant cherche à se faire reconnaître comme un personnage menaçant pour conserver autour de lui une aura de crainte et des droits absolus sur le territoire qu'il s'octroie. Il est sans pitié face aux souffrances d'autrui (il s'en délecte !). Cette attitude est souvent alternée avec une autre plus calme où il exprime sa peur d'exploser, de ne plus être en mesure de se dominer... Lui, on en a peur.

Changements ponctuels de niveau

Il est possible qu'un dominant passe d'un registre à un autre, en fonction des événements :

- s'il se sent humilié, il passe au niveau supérieur et prend sa revanche en humiliant une personne moins dominante ;
- s'il sent qu'il est allé trop loin dans la manipulation, il passe au niveau inférieur et sera plus charmant et séduisant.

Mission

C'est un travail de prise de conscience des enjeux cachés qui vous attend, doublé d'une manière différente de communiquer. L'enjeu principal est de bien comprendre qu'on n'a que peu de maîtrise sur le système « survie collective ». Il est ancestral, inconscient, instinctif. Il est présent dans tous nos rapports sociaux et nous pousse à réagir par des comportements stéréotypés tels que ceux décrits ci-dessus. Il n'a pas pour objectif de détruire qui que ce soit, mais de faire en sorte que chacun reste à sa place dans la hiérarchie instinctive, quelle que soit la manière utilisée, mais selon des codes précis. Savoir cela, c'est comprendre que la peur, l'anxiété et la culpabilité que l'on peut ressentir sont irrationnelles, qu'elles sont là pour que chacun reste à sa place dans le « troupeau ».

Chaque rapport de force est le lieu d'un affrontement instinctif que doit gagner le plus dominant des protagonistes, ce qu'il tend constamment à faire. On peut s'y opposer et pousser le dominant à sortir ses armes pour gagner l'affrontement. Désagréable, voire dangereux. Il est plus efficace de prendre du recul et de laisser glisser cet affrontement sans qu'il ait à sortir les armes. La clé consiste à ne pas se sentir impressionné par son artillerie, le cas échéant. Et défendre calmement, poliment mais fermement son point de vue. Il suffit de veiller à ce que le dominant n'ait pas le sentiment d'avoir perdu le combat.

Vous l'aurez compris, votre mission consiste à ne plus vous laisser gangrener par la peur et à vous protéger le plus possible en adoptant un état d'esprit et des comportements qui réduisent l'impact ou l'influence du dominant sur vous. Le système est d'une stabilité telle qu'il ne changera pas. Il vous faut apprendre à mieux y faire face.

Dans ce cas de figure, il n'y a pas de *deal win-win* possible. Le seul gagnant, c'est vous, qui vous protégez. Votre manager n'est gagnant que si la situation ne change pas. Autant le dire tout de suite, il réagira vraisemblablement à vos initiatives en accentuant son harcèlement.

Options stratégiques

État d'esprit : gardez une ligne de conduite claire (pour vous) et ne vous laissez ni impressionner ni déstabiliser par ses réactions. La méthode de gestion que nous proposons n'est ni agressive, ni dénigrante, ni irrespectueuse. Ni gentille d'ailleurs, car le dominant perçoit la gentillesse comme un signe de faiblesse. N'oubliez pas de prendre du recul, d'être curieux et de considérer que vous faites une expérience (voir p. 97). Ici, c'est salutaire pour changer de point de vue.

Stratégie : limiter les effets du harcèlement au quotidien.

Impératifs stratégiques

- Ni valeur, ni jugement. Quel que soit l'inconfort que l'on peut ressentir face à un dominant, prenez du recul par rapport à votre propre système de valeur. Pour vous déstabiliser, c'est là qu'il frappe. Vous êtes altruiste, il vous reprochera de ne pas l'être assez. De même si vous êtes perfectionniste. Observez-le faire et évitez le stress (voir à ce sujet la section « Management façon "antipathie" », p. 120). En sens inverse, tentez de pratiquer en toutes circonstances le non-jugement : votre manager n'a pas choisi d'être dominant. Il l'est et il agit comme tel. Rien à voir avec vous, même si c'est à vous qu'il s'adresse.

- Mettre par écrit. L'une des armes favorites du dominant consiste à tout dire oralement, en face à face. Ainsi, il conserve la possibilité de vous déstabiliser à tout moment. Il est essentiel, dans ce cas, de communiquer par écrit avec lui. De cette manière, vous gardez une trace, même s'il ne vous répond pas, et vous pouvez toujours vous appuyer sur vos propres écrits, qui serviront, le cas échéant, d'éléments de preuve.

- Évitez d'entrer dans le rapport de force. Il s'agit d'être le plus neutre et détaché possible dans la forme (sans empathie ni gentillesse), tout en restant impliqué et attentif sur le fond.

La stratégie

La principale difficulté que vous rencontrerez réside dans le fait de changer de posture, de ne plus avoir peur des conséquences de ce que vous faites. De ne plus vous sentir intimidé ni coupable. Il s'agira également de faire preuve de persévérance et de détermination. En effet, vous vous confrontez, par définition, à plus fort que vous et votre adversaire n'aura aucune envie de voir la situation changer ; il vous le fera d'ailleurs savoir. Quoi qu'il se passe, restez calme et déterminé.

Appliquez les consignes du management façon « mission impossible »

C'est la règle numéro 1. Par définition, un dominant cherche le pouvoir (et pas les responsabilités). Procédez systématiquement avec la stratégie de dégagement afin de renvoyer les responsabilités à qui de droit (en demandant ce qu'on attend exactement de vous, parce que vous n'avez pas bien compris ou ne vous rappelez plus des informations transmises oralement).

Gérez la dominance en *live*

Dans vos échanges en face à face, changez de posture : devenez neutre et ne vous laissez pas submerger par le stress ou les émotions parce que votre manager vous atteint dans vos valeurs ou vos peurs. Prenez le plus de recul possible, observez l'interaction avec curiosité afin que ses tentatives de manipulation, intimidation ou déstabilisation se soldent par des coups d'épée dans l'eau.

- Pour cela, rappelez-vous que « tout ce que vous direz pourra être retenu contre vous ». Évitez de faire référence à vos émotions, à vos valeurs, et évitez de métacommuniquer. Ici, ça ne fonctionne pas. Au contraire : tenez-vous-en aux faits et, surtout, dites-en le moins possible. De cette manière, vous éviterez de lui donner des munitions pour contre-attaquer.

- Faites rimer sobriété avec politesse.

- Ce système étant très « primitif » (on pourrait dire « animal »), il réagit principalement aux attitudes et communications non verbales de l'autre. Pour éviter toute posture de soumission (baisser le regard, rougir, s'affaisser, rentrer les épaules, se sentir en faute, etc.), gardez votre sang-froid : détendez-vous, respirez, redressez-vous mais ne fixez pas son regard (cela lui donnerait le sentiment erroné que vous le défiez, que vous l'agressez).

* Prenez un maximum de recul en changeant votre propre mode de fonctionnement : misez sur votre système « adaptation et innovation » et exercez-vous à faire en situation réelle les exercices proposés au début de la seconde section (p. 80).

Quand vous dialoguez avec votre manager :

* ne vous laissez pas séduire ou impressionner. Restez neutre, détaché ;

* ne vous opposez pas à lui (défier, couper la parole, vouloir avoir raison), ne rivalisez pas avec lui. Soyez factuel, poli et affirmé ;

* soyez direct (sans violence, bien sûr) ;

* soyez attentif, si vous sentez monter le stress (surtout si c'est un stress de lutte : agacement, colère), à ne pas le laisser s'exprimer : les dominants adorent que les gens s'énervent devant eux. C'est, pour eux, le signe qu'ils ont gagné le rapport de force.

Gérez les échanges

Restez modeste, en mode « défensif » (non offensif) : évitez d'être confrontant ou vindicatif. Ne soyez pas trop naïf, car vous risquez d'être pris pour une proie. Restez concentré sur les faits, dans une logique de responsabilité pour expliquer vos décisions (« Je ne peux pas professionnellement prendre ce risque... je vais y réfléchir, mais je ne vois pas comment c'est possible pour moi »). Évitez le terrain émotionnel ou le terrain des valeurs.

Dès qu'une décision est prise, changez de sujet rapidement de manière à ce que l'on ne revienne pas dessus.

Mettez les conclusions sur papier et envoyez-les à votre manager. C'est une manière de garder la trace de l'échange et d'éviter de se retrouver dans la situation décrite au début de cette section (la collègue qui se fait vertement sermonner parce qu'elle a fait... exactement ce qui lui était demandé). Par exemple :

Cher manager,

Comme vous me l'avez demandé durant notre réunion de ce jour, j'ai pour mission d'utiliser tous les moyens légaux pour que notre client XX règle ce qu'il nous doit. Vous m'avez donné un délai de trois jours pour le faire.

Cela correspond-il bien à ce que vous attendez de moi ?

Cordialement,

Y.

Comme vous le remarquez, le message est bref, il s'en tient aux faits. Si vous ne recevez pas de réponse, renvoyez un message de ce type (en conservant le premier dans l'historique des échanges) : « N'ayant pas eu de retour de votre part à ce sujet, je suppose que j'ai bien votre accord/c'est bien cela que vous souhaitez, et lance donc la procédure » ou le projet. Puis, faites comme indiqué dans votre mail, en partant du principe que « qui ne dit mot consent ».

À VOUS DE JOUER | *Selfcoaching étape 8E : Gérez la dominance de votre manager*

1. Identifiez le niveau moyen de dominance de votre manager.

2. Prenez une ou plusieurs situations que vous rencontrez avec votre manager. Imaginez comment vous réagiriez différemment la prochaine fois.

3. Dans ce scénario :
   - décrivez votre nouvelle attitude ;
   - écrivez les phrases que vous aimeriez lui répondre, la suite que vous aimeriez donner à ses ordres.

4. Ensuite, relisez ce chapitre pour vous assurer que ce que vous comptez faire est compatible avec le niveau de dominance de votre manager, ainsi qu'avec le niveau supérieur de dominance (s'il vous sent résistant, il aura tendance à en rajouter une couche…).

5. Enfin, ôtez de votre scénario toutes ses aspérités (le côté « rentre-dedans »), qui pourraient vous être néfastes si votre manager percevait votre démarche.

6. Ceci fait, imprégnez-vous de ce nouvel état d'esprit… et mettez-le en action.

Priorités d'action

Il n'est pas impossible que votre manager corresponde à plusieurs types de management toxique différents. Dans ce cas, vous devrez gérer les priorités d'action.

Un management de type « 4×4 » contient toujours du management façon « antipathie ». Dans ce cas, gérez les priorités de la manière suivante :

- antipathie/stratégie à chaud : gestion relationnelle du stress comme stratégie de comportement face à l'intolérance ;

- 4×4/stratégie à chaud : métacommuniquer ;

- antipathie/stratégie à long terme : ouverture d'esprit personnelle pour prévenir vos propres intolérances et le stress. Mise en place d'une communication adaptée ;

- 4×4/stratégie à long terme : restaurer la relation.

Un management de type « despote » contient toujours du management façon « mission impossible ». Dans ce cas, gérez les priorités de la manière suivante :

- mission impossible/stratégie à court terme : communiquer sur la situation ;

- despote/stratégie à court et à long terme : limiter les effets du harcèlement au quotidien ;

- mission impossible/stratégie à long terme : prendre l'habitude de communiquer en général...

Si d'autres combinaisons apparaissent chez votre manager, veillez avant tout à arrêter l'hémorragie en vous protégeant grâce aux stratégies à chaud dans l'ordre de présentation de ce livre. Passez ensuite aux stratégies à long terme, toujours dans l'ordre. Notez que vous pouvez faire preuve de créativité... Faites-vous confiance si vous sentez qu'une autre manière de gérer vos priorités vous convient mieux ou s'adapte davantage à votre situation.

CONCLUSION

Vous avez essayé, mais ça ne marche pas

Attention, quoi que vous fassiez, restez très attentif à votre propre ressenti. Si vous sentez votre stress augmenter continûment, arrêtez tout et faites marche arrière dans votre projet. Une fois de plus, votre stress indique que vous faites fausse route. Soit cet ouvrage ne s'applique pas à votre cas, soit vous avez fait une erreur de diagnostic, soit votre manager cumule plusieurs types de toxicité, soit quelque chose d'autre fait que ça ne marche pas. Revoyez votre projet de manière à sortir de la situation qui a généré votre stress et adressez-vous, si nécessaire, à un professionnel du coaching.

Une des situations de management toxique relevées dans cet ouvrage vous parle. Vous avez suivi nos conseils, mais rien n'a changé ? C'est possible.

Dans ce cas, trois questions :

- N'avez-vous pas des intolérances sur le fait de prendre son temps, sur le fait d'être inefficace, sur le fait de ne pas y arriver du premier coup, etc. ?

- Êtes-vous sûr d'avoir bien saisi la logique de gestion des comportements, en dehors des stratégies d'action, et de l'avoir intégrée à votre projet ?

- Êtes-vous sûr de disposer des ressources nécessaires pour réussir ce projet ? Avez-vous une équipe de soutien ? N'y gagneriez-vous pas à faire appel à un coach qui connaît, par exemple, l'approche neurocognitive et comportementale (www.neurocognitivism.com) ?

Ce livre ne vous a pas parlé

Il est possible qu'aucune des situations relevées dans cet ouvrage ne vous parle. Que les conseils proposés ne soient d'aucune utilité. Dans ce cas, nous vous invitons à faire un petit exercice d'inversion des schémas proposés. Il n'est pas irréaliste que vous ayez vous-même des comportements de type « antipathie », « hyper », « 4×4 » ou « despote ». Et si l'un des comportements décrits vous ressemblait ? Si c'est le cas, pas de panique ! Vous n'y êtes pour rien. Votre cerveau fonctionne selon les mêmes systèmes que les autres êtres humains. Vous subissez certaines impulsions ou réactions qui correspondent à des stéréotypes de comportements. Ce livre est une aide à la compréhension et à la gestion de ces comportements. Nous vous suggérons simplement de faire appel à un coach qui connaît l'approche neurocognitive et comportementale (*www.neurocognitivism.com*) et qui pourra vous aider à gérer les systèmes qui peuvent vous desservir dans votre vie professionnelle.

Collaborateurs toxiques

Nous avons abordé le sujet des managers toxiques, mais la toxicité au travail se retrouve partout. Si, au fil de la lecture, vous avez reconnu l'un ou l'autre de vos collègues, le contenu de cet ouvrage s'adresse à eux également. Vous pourriez en profiter pour ouvrir une discussion avec eux sur vos modes de fonctionnement respectifs... ou adopter envers eux les stratégies de gestions proposées.

Les conséquences du changement

Vous le savez certainement pour en avoir fait l'expérience, le changement s'accompagne fréquemment d'une période de flottement. La mise en place de nouvelles habitudes est généralement synonyme de résistance. Aussi bizarre que cela puisse paraître, parfois, l'être humain préfère rester dans un système qu'il connaît, même s'il est toxique et s'il en souffre, plutôt qu'entreprendre les actions nécessaires à le changer.

■ Même s'ils partagent votre point de vue sur la toxicité de votre management, même s'ils vous soutiennent dans votre volonté de vous battre contre elle, vos collègues pourraient faire de la résistance à votre changement. Ils pourraient avoir l'impression que vous n'êtes plus le ou la même, ne plus vous reconnaître, et s'écarter de vous durant quelque temps. Sachant que vous appartenez à la même organisation (département, service, agence, PME...) qu'eux et que la métamorphose d'un élément de cette organisation demande aux autres éléments de s'adapter, de se redéfinir..., voire de changer, ils pourraient être, à leur corps défendant, embarqués dans votre process. Ils pourraient alors tenter de vous dissuader de changer, vous décourager ou vous reprocher votre objectif... C'est que, voyez-vous, la libération, c'est contagieux ! Très peu pour moi !

■ Votre management risque également de faire de la résistance, principalement en cas de harcèlement, mais également pour des cas de toxicité plus mineurs. Votre démarche de changement s'accompagnant, par définition, d'une remise en question de l'existant, vous pourriez tomber sur des managers qui refusent de remettre en question le moindre de leurs mots, le moindre de leurs gestes. Ou sur d'autres qui, voyant qu'ils perdent soit une part de leur pouvoir sur vous, soit la face aux yeux du groupe, essaieront de vous dissuader, de vous saboter ou même, dans les cas les plus graves, redoubleront de comportements ou de mots néfastes.

Tout processus de changement demande un courage certain. Et de la persévérance. Si vous subissez une des formes de management toxique, vous avez le droit de vous en affranchir. Vous avez le droit d'être plus serein, moins stressé et d'être mieux considéré par votre management. Personne ne peut vous enlever le droit de changer, surtout si c'est pour un mieux, fût-il le vôtre (on en arriverait à vous traiter d'égoïste, pour le coup). Ne vous laissez pas influencer par des remarques désobligeantes, des critiques, du fatalisme ou de la résistance au changement. Mieux : si vous percevez une augmentation de ce type de comportements à votre égard, dites-vous que cela signifie deux choses. D'une part, que vous êtes dans le bon, et que votre démarche inquiète, parce qu'elle est susceptible de bouger l'ordre des choses. D'autre part, que votre entourage professionnel préfère un système pourri qu'il connaît à un système meilleur, mais encore inconnu. À vous de le convaincre par des faits. Vous verrez qu'aux premiers résultats positifs, aux premières retombées concrètes, l'effet s'estompera, et que l'on viendra peut-être même vous demander des conseils. Le cas échéant, devenu plus serein, vous pourrez toujours proposer de l'aide à ceux qui héritent de la place toxique que vous venez de quitter. Cela vaut surtout, une fois de plus, dans les cas de harcèlement. Encore que…

BIBLIOGRAPHIE

▪ Bourboulon I. (2011). *Le Livre noir du management*, Paris, Bayard Éditions.

▪ Collignon P. et Prata J.-L. (2012), *Votre profil face au stress. Comment les neurosciences font du stress votre allié*, Paris, Eyrolles.

▪ Crowley K. et Elster K. (2007). *Travailler avec toi, c'est l'enfer*, Paris, Pearson Éducation France.

▪ Fisher R., Ury W., Patton B. (1982). *Comment réussir une négociation*, Paris, Le Seuil.

▪ Fradin J., Fradin F. (1990). *La Thérapie neurocognitive et comportementale* (3ᵉ éd.), Paris, Publibook Université.

▪ Fradin J., Le Moullec F. (2006). *Manager selon les personnalités : Les neurosciences au secours de la motivation*, Paris, Eyrolles.

▪ Fradin J., Aalberse M., Gaspar L., Lefrançois C. et Le Moullec F. (2008). *L'Intelligence du stress*, Paris, Eyrolles.

▪ Goldstein M., Read P. (2012). *Petits Jeux de pouvoir en entreprise*, Paris, Pearson France.

▪ Laborit H. (1986). *L'Inhibition de l'action*, Montréal, Masson.

▪ Lieberman M. (2003). « Reflective and reflexive judgement processes : A social neuroscience approach », in J. Forgas, K. Williams et W. Hippel (éd.), *Social Judgements : Implicit and Explicit Processes* (p. 44-67), New York, Cambridge University Press.

▪ Sutton R. (2007). *Objectif zéro sale con*, Paris, Vuibert, coll. « Pocket Évolution ».

▪ Varela F. (1998). « Le cerveau n'est pas un ordinateur », *La Recherche*, 308, p. 109-112.

INDEX

Groupe Eyrolles

TABLE DES MATIÈRES

www.ingramcontent.com/pod-product-compliance
Lightning Source LLC
Chambersburg PA
CBHW061312220326
41599CB00026B/4846